「孤独」が一流の男をつくる

川北義則

祥伝社黄金文庫

はじめに

もう何十年前になるだろうか。

私が新聞記者だった頃、当時売れっ子の著名なある作家の原稿を受け取りに、あるホテルのバーに出かけたことがある。

その作家は、すでにカウンターの椅子に座って原稿用紙に視線を落としながら、水割りのグラスを傾けていた。そのときの作家の風情は、まさに孤高というか、ちょっと近寄りがたいものがあった。同時に、圧倒的な大人の色気を漂わせていた。

一瞬、私は声をかけるのも忘れて見とれてしまった。

「いつか、自分もあんな男になりたい」

思わず、そんなことを感じたものだ。

その作家は私を認めると、やわらかな笑顔を浮かべながら声をかけてくれた。

「やあ。ここにはときどき一人で来るのですよ」

そのときの品のいい笑顔は、いまでも忘れられない。個人的なエピソードだが、

私自身、「孤独の魅力」というものを瞬時に悟ったのかもしれない。

「孤独力」とは決して寂しげな風景ではない。逆にもっとポジティブな意味をもつ。孤独であることの力なのである。

若い頃に「あんな人のように生きたい」というお手本に出会えるのは幸福である。あのときの作家は、私にとってそんな人だったのだ。

かつて、同業の仲間と連れ立って、夜の街に繰り出すことの多い文壇にあって、その作家は、人と群れることをしない人だった。

私自身、バーに限らず、映画でも芝居でもコンサートでも旅行でも、「ひとり時間」を大切にするように生きてきた。そこではいろいろな出会いがあって、さまざまなことを学んできた。私には「ひとりでいる孤独の時間こそが友」といえたかもしれない。

家庭においても、その流儀は変わらなかった。

「夫婦はつかず離れず」がいい。好みの問題だから、とやかくいうのもどうかと思うが、始終ベッタリのカップルや夫婦の気持ちが私には理解できない。幸いなことに妻も同じ考えのようである。

だから、仕事帰りでも、家で急いでやらなければならないことがない限り、まっすぐ家路につくことはしない。ウインドーショッピングをしたり、書店や喫茶店に立ち寄ったりと、一人の時間を過ごす。もちろん、なじみのバーでグラスを傾けたり、思い立って旬の食材を求めて、一人暖簾《のれん》をくぐることもある。

このような時間を過ごすときにとくに心がけているのは、行ったことのない場所を選ぶこと。バーやレストランに一人で入るのは、気後れすることかもしれない。しかし、そんな空間で自然に振る舞えるようになることも、一流の男をつくる大切なレッスンなのだ。

とりあえず、夜のひとり行動を始めるには、ホテルのバーを利用してみるといい。雰囲気もあって、バーテンダーが話し相手になってくれる。

初めの一杯は、ウイスキーの水割りでいい。そのとき、「ふつうウイスキーはスコッチだと思うけど、アイリッシュウイスキーとは、どう違うの?」といった会話から始めてみるのもいいだろう。バーテンダーは、きっとていねいに説明してくれるはずだ。

バーに入れば、お店の人と話くらいするのが常識だ。それはそれとして楽しむが、常連面はやめておいたほうがいい。一人の時間を大切にするのがいい。

そんな一人でぼんやりしているようなときに、悩んでいた仕事のヒントが生まれたり、新しい企画のアイデアが浮かんできたりする。抱えていた問題の解決の糸口が見つかることもあれば、新しいチャレンジのテーマが浮かんでくることもあるだろう。孤独は「自分を高め、自分の力を育《はぐく》んでくれる実り豊かな時間」なのだ。

孤独とどう向き合うか。それが人間の強さ、豊かさの源といえる。

これからは「ひとり社会」の時代になる。いまは家族や友人たちが当たり前のようにそばにいても、いずれ「一人暮らし」のときがくる。そのときになってうろたえないように、いまから自分を磨いて孤独に強くなっておくことだ。

よく考えてみれば、「ひとり社会」を暗くとらえる必要などまったくない。人それぞれ、どう生きるかの選択肢が増えることでもある。そのとき頼りになるのが「孤独力」なのである。

「幸福になろうとする者は、まず孤独であれ」（ハーマーリング／オーストリアの詩人）

しょせん、人間は一人で生まれ、一人で死んでいく。孤独と友だちになるのは悲しいことではない。ずいぶん前にこの世を去ったが、それを教えてくれたあの作家に私は礼をいいたい。

「少しは孤独力が身についたようです」

＊　＊

本書は同じ書名で二〇一三年に刊行された。文庫化にあたって紹介した事柄、人物等の説明については今回の刊行時に合わせて修正を加えているが、そのテーマ、主張に関してはいまでも十分に今日性を備えていると確信している。

二〇一八年　早春

川北　義則

目次†「孤独」が一流の男をつくる

2章　一人暮らしの愉しみ方

3章　「孤独」が男の器を大きくする

5章 男は「品格」をもって生きる 179

6章 「孤独」が人生後半を愉しくする 219

1章

一流の男は「孤独」を恐れない

「孤独力」は一朝一夕で身につかない

こんな話がある。

五十歳を過ぎてから、急に妻の態度が変わりはじめた。休日、家でのんびりしていると、妻が家事をやれと言う。洗濯物を取り込めとか、風呂場の掃除をしろなどと、何かとうるさい。

「のんびりしたいのに。あいつ、急に悪妻になったなあ」

数年、この状態が続いたある日、妻は夫にこう言った。

「お父さん、もう一人でも何とかなるわね」

そんなことを考えもしなかった夫は「そういう意味だったのか」と妻の愛情を思い知ることになる。

まもなく……妻は突然、逝《い》った。

ショックで呆然《ぼうぜん》自失の夫。だが、妻のおかげで「ひとり」になっても日常生活には少しも不自由を感じない。妻も、自分が先に逝くと思って家事を仕込んだわけではないのだろうが、結果的にはそうなった。この奥さんは、悪妻どころか大変な賢妻だった。

これからの時代、一人暮らしは少数派ではなくなる。誰にもその準備が必要になるということだ。いまどれだけの人に、その心積もりがあるだろうか。もっと真剣に考えるべき時代になった。

二〇三五年には世帯主が65歳以上の世帯の約四割が一人暮らしになるという推計がある。そのためにも準備が大切だ。

日常生活というのはほとんどが些事《さじ》だが、その些事がきちんとできないと、生活に重大な支障を来す。トイレットペーパーが切れているだけでも、日常生活は滞《とどこお》る。男性のなかには、こういうことがわかっていない人が少なくない。

「一人になってもコンビニやスーパーがあるから困らない」

こんなことを言う人もいる。甘いと思う。「ひとり」で生きるには、モノだけが問題なのではない。

「おひとりさま」という言葉が社会に定着し、誰もが「いずれはそうなる」ということを意識はしている。だが、いま現在、夫婦や家族で平穏に過ごしていると、切実に実感するところまではいかない。そうなると、いつまでたっても準備ができないのだ。

先に紹介した奥さんのように、意識して夫の「ひとり力」を磨いてくれる妻はそう多くはないだろう。

では、どうすればいいか。

まずは子育てのときのことを思い出せばいい。子育てをしているときは、幼い子どもにトイレ、歯磨き、箸《はし》の使い方、服の着方、靴下のはき方などを、真剣に教えたはずだ。きちんとできないと、社会人として自立できないという思いがあったからだろう。同じことを、いま改めて大人が求められているのだ。

とくに男性は、家事全般について学ぶ必要がある。ひと通りのことができるようになったうえで、便利なモノがあるからそれを利用するというのならいいが、そうでないと、いざというときに二進《にっち》も三進《さっち》もいかなくなる。

私が思うに、男性よりも女性のほうが長生きなのは、一人暮らしの能力に長《た》けているからではないだろうか。男性が一人の生活で日々感じるストレスというのは、大きくなくても、積み重なっていくことで寿命を縮めているに違いない。

なかでも熟年男性には、一人暮らしに慣れておくことをおすすめしたい。それは少しもむずかしくない。いまから奥さんの手伝いをしてあげればいいのである。そうすれば喜ばれて家庭円満。しかも来るべき一人暮らしの練習ができる。まさに一石二鳥ではないか。「孤独力」は一朝一夕で身につくものではない。

「ひとり」で生きることがうらやましい時代

「正月三が日は、一人暮らしの寂しさが身にしみる」

三十代、四十代の独身者が、よくこんなことを言う。そうかもしれない。正月というのは家族で過ごすのがふつうだからだ。家族をもたない人間にとって、正月はそう楽しいものではない。連れ合いを亡くして一人身になった高齢者は、なおさらだろう。一人身にとって「ハレ」の日はまぶしいものだ。

だが、これをもって一人身を悲観的にとらえるのは大きな間違いだ。なぜなら、私にいわせれば、ハレの孤独以外に不都合なことはほとんどないからである。いまは、家族持ちのほうが、大変なことになっている。

たとえば介護がそうだ。高齢化が進んで、「老老介護」がふつうになりつつある。七十代の妻が、認知症になった八十代の夫の面倒を見る、などというのはごく当たり前。八十代が百歳代の親の面倒を見たり、二十代の孫が、親亡きあと八十代の祖母の面倒を見なければならない……こんなケースも増えている。

若い家族だって、見た目は平和な風景の背後で、しつけ、非行、受験、就職、結婚、リストラ、病気、家庭内不和など、さまざまな問題を抱え、悩んだり、苦しんだりしている。どれもこれも「家族あればこそ」の問題ばかりだ。

家族持ち＝幸福、一人身＝不幸と短絡的に考えてはいけないのだ。

そう考えてみると、逆に一人身は気楽なものだ。自分のことだけ考えていればいい。たとえ一人身で親の介護をする人であっても、現代ではむしろ恵まれたほうなのかもしれない。その親さえ看取れば、あとは天下晴れて真の自由の身になれるからだ。

自分にないものを欲しがる、うらやましがる、憧《あこが》れる、という傾向が多くの人間にはあって、一人身の「寂しさ」感覚には、それが反映している場合が少なくない。だが、公平にいって、いまの「ひとり」は、昔の「ひとり」と比べて、何十倍も恵まれていることだけは確かである。

昔は、一人身は胡散《うさん》くさい目で見られた。

一生一人身の女性は「女失格」の烙印《らくいん》を押され、男性も一人前の社会人の資格に「?」がついた。いまはどうか。そんな偏見はなくなった。経済の側面から考えても、「おひとりさま」はサービス業の最大のターゲットでもある。

多くの人が気づいていないことがある。それは、一人身が生きやすくなったのは「豊かさの証明」であるということだ。その昔、一人身が疎外されたのは、肩を寄せ合い、協力し合わなければ、みんな生きていけなかったからだ。そういう時代に一人で生きようとする人間は、異端者だったのだ。

一人身に関して、いまいちばんの問題は、日本人がマイナス思考でとらえていること。「長生きがいいことだ」と信じ、そうなるよう努力してきたのに、それが実現したら、孤独死がどうの無縁社会がどうのと、負の側面ばかりを取り上げる。

長寿社会は、本来、人類がかつて一度も経験したことのない「慶賀すべきこと」なのだ。だが、モデルケースがない。どう対応していいかわからない。それでマイナス面ばかりを見ている。

たとえば介護の問題も、昔ならとうに死んでいる人が、生きていられるからこそ起きることではないか。むしろ、「介護できる」ことに感謝すべきだろう。要は、ものの考え方次第。一人身でない人間は、みんな心のどこかで、「ひとり」を望んでいるのではないか。一人身を嘆くなんてお門違いなのである。

いま、「ひとり」で颯爽《さっそう》と生きている男はカッコいいのだ。

若者よ、「ひとり」を恐れるな

いまの若い世代は「ひとり」をいやがる傾向がことのほか強いように感じられてならない。

学生でも社会人でも、一人でご飯が食べられない。ちょっとの間、ケータイやスマートフォンが鳴らないだけで焦りまくる。「一人でいる姿を他人に見られまい」と涙ぐましい努力をしている。困ったものだ。「ひとり」のよさが、まったくわかっていない。

辞書を引くと「ひとり」はこう説明されている。「一人、独り……一個の人、相手や仲間がいないこと、独身であること、他人の手を借りずにいること」

これは第三者から見た「ひとり」ということだ。一般的にはこの解釈でいいと思うが、自分の側から考えた「ひとり」というものもある。「ひとり問題」を考えるときは、むしろこちらの「ひとり」のほうが重要だ。

水に気体、液体、固体の三態があるように、人間にも三態がある。一に他人と関わる自分、二に一人だが外に意識を向けている自分、三に一人で内に意識を向けている自分、この三つである。もっとも大切な「ひとり」とは、三のときの自分のことだ。

いまの若い世代は、三の自分になりたがらない。社会と関わっていくには、一と二があればいい。しかし、三をないがしろにしてはいけない。なぜなら、人間の本質部分は、この三にあるからだ。三の「内に意識を向けている自分」の特徴は孤独ということである。人間は一人で生まれてきて、一人で死んでいく。「ひとり」とは、人間である一個人のもっとも自然な姿といっていい。だが、いまの若い世代は、みんなこれをいやがっている。

「ひとり」を厭《いと》うということは、本来の人間の姿を否定することだ。しかし、いくら否定してもそこからは逃れられない。もともと無理なことをしているのだから、だんだんつらくなって当然だ。

では、どうすればいいか。

思い切って意識的に「ひとり」になってみることだ。そうすると、何が起きるか。「ひとりのよさ」がわかってくる。一人でいるとたしかに寂しいが、その寂しさのなかにも独特の味わいがある。とくに日本人は、伝統的に寂しさに価値を見出してきた民族でもある。

日本独自のわび、さびも「侘《わび》しい」「寂しい」からきた言葉である。日本人は「ひとり」をこよなく愛してきた。他人とつながってうれしいのは、寂しさが癒されるからだし、一人で他人のことを思っていれば寂しくない……そういうことを深く理解するためにも、もっと「ひとり」を味わったほうがいい。

たとえば、大勢が集まったパーティーのあとには寂しさや空《むな》しさがつきまとう。だが、それを味わってこそ、人とつきあう喜びも深くなる。

また、本当の自分を知るためにも「ひとり」は欠かせない体験である。「孤独は魂の力量を強化する」(シャトーブリアン/フランスの小説家)からだ。いま若者たちに必要なのは、仲間と集まってどうでもいい話をするより、むしろこちらのほうではないか。

八年前の二〇一〇年、「ハンカチ王子」こと日本ハムファイターズの斎藤佑樹投手が学生時代に、「私は何をもっているかを確信した……それは仲間です」と言って、その年の流行語大賞（特別賞）に輝いた。発言した本人に罪はないが、こんな陳腐な言葉に賞を与えるのはおかしい。

こんなところにも、いまの日本のダメなところが表れている。若者よ、「ひとり」を恐れず、もっと孤独感を味わってみよ、と私は言いたい。

一流の男は仲間外れを恐れない

学校でも会社でも、仲間外れにされるのは、気持ちのいいものではない。自分の存在を否定されたような気がして、自信がなくなるかもしれない。集団行動をよしとする多くの日本人にとってはつらい体験だろう。

だが、これからの「ひとり社会」を考えるとき、孤独に強くなるという意味でも、集団から孤立する、仲間外れを恐れない強い心をもつことが大切だ。

よく考えてみよう。たとえば、ケータイやスマホのリストに百人の人間が登録されていたとしよう。その人間たちはすべて仲間だろうか。親友でもない、仲間でも何でもない、単なる知り合いのほうが多いはずだ。それを仲間と思ってしまうから、おかしなことになる。

仲間とは「ある物事を一緒になってする者」のことだ。何かを一緒にしないのならば、それは仲間ではない。いまは仲間ではない人まで、勝手に仲間だと思い込んで、そこから排除されることを悲しんだりしているのではないか。

こんなことになるのも、最近「仲間」という言葉が拡大解釈というか、やや乱用気味に使われているからだと思う。自分が本当にその集団の一員、つまり仲間なのかをよくよく考えてみるべきだ。

クラスメート、会社の同僚などは、広い意味では仲間だが、そこまで枠を広げて仲間意識をもつ必要はないと思う。仲間意識というのは、多くの部分において「同じ想い」を共有したとき初めて生まれるものだ。

たとえば、会社で五人一組のチームを編成して、ある仕事を遂行することになる。そうなれば、五人はその仕事に関しては仲間だ。だが、その仕事が終わったときに仲間も終わる。また外国の僻地《へきち》などで日本人にバッタリ出会えば、同じ国の人間という「同胞意識」によって仲間となることもあるかもしれない。だが、それは永遠に続く関係ではない。このようにＴＰＯで仲間意識は変わってくる。

また、仲間というのはいいことばかりではない。仲間であったばかりに「仲間外れ」も起きる。その他、仲間割れ、仲間ゲンカなども起きてくる。一口に仲間といっても、人間にはいろいろな関係があって、よいことばかりではないことがわかる。

十六歳で難関の公認会計士試験に合格した少年がいる。史上最年少の合格者だ。高校へは通っていない。中学卒業と同時に、通信制の高校で学びながら、自宅でひたすら受験勉強に励んだ。

さぞ孤独だったと思うが、何かを成し遂げるには、この種の孤独な環境が必要なのだ。「この先どうするのか」と聞かれて、少年は「働いたほうが得るものが多い気がする」と言って、大学へは行かずに就職するそうだ。自分から進んで同世代の仲間外れになっているようなものだ。

多くの人は、仲間外れになることを恐れすぎてはいないか。この少年だって、もし、ふつうに高校へ通い、友だちとつきあっていたら、この快挙は成し遂げられなかっただろう。仲間がいることが、かえって邪魔になることもある。

自分にとって何も有益なことを生み出さないのなら、仲間など必要ない。むしろ余計なものだ。

「孤立はもとより不利なもの。淋しいもの。しかし、また自由なもの。好かれて困れば、きらわれて結構なこともある」（徳冨蘆花《とくとみろか》）

「死ぬときはひとり」と心得る

「みんな、そんなに孤独死って不安なの？　昔から思っているんだけど、そもそも『孤独じゃない死』なんてあるんだろうか」

これはテレビプロデューサーのテリー伊藤氏の発言だ。

テリー氏には、ある体験があるという。学生時代、ケガで長期入院した。友人が大勢見舞いに来て、病室がたまり場のようになった。しかし、病室だから、やがて誰もいなくなる。みんなが去って一人残されたとき、孤独感がいっそう募ったという。

「そのとき思ったのは『人間はこういうふうに一人で死んでいくものなのかな』ということ。孫やひ孫三十人に見守られながら息を引き取るのも、一人寂しく死ぬのも、孤独ということでは同じなんじゃないか」

これは実に正しい見方だ。そうなのである。

世間では人知れず死んでいく孤独死を「かわいそう」とか「悲惨だ」というが、かりに自分が死ぬときのことを想像してみるといい。自分が死の床にあるとき、周りに集まってくるのはどんな人たちか。家族であれ誰であれ、当面は死なない人間ばかりである。

そう思えば、いくら大勢に見守られていても、そこにいる人間と自分は明らかに隔絶されている。孤独であることに変わりはない。だから必要以上に孤独死に悲観的になることはない。テリー氏のいう通り「孤独じゃない死なんかない」のである。

いまの日本人は死を否定的に考えすぎる。この傾向は、長寿社会がもたらしたマイナス面の一つだろう。長生きがふつうでなかった時代は、誰もがそれなりにつねに死というものを意識していた。

「見るべきほどのものは見つ。いまは自害せん」と辞世の句を詠《よ》んで死んでいったのは、源平合戦のとき、壇ノ浦で入水《じゅすい》した平 清盛《たいらのきよもり》の息子知盛《とももり》である。享年三十三歳。近くは特攻隊の若者たち。彼らは二十歳に満たない年齢で、健気《けなげ》な覚悟をもって死んでいった。

日本人は伝統的に、潔く死んでいく「死の美学」をもっている。いまもその美学は根強く生きているともいえる。二〇〇五年、雑誌『文藝春秋』に掲載された「理想の死に方」アンケートに、各界著名人が回答を寄せている。それを見るとよくわかる。

・ひたすら遊行に徹し、バタンキューと死にたい（瀬戸内寂聴《せとうちじゃくちょう》）
・花の下で自作の杯でも傾けながら……（細川護熙《ほそかわもりひろ》）
・誰にも看取られることもなく、一人静かに死にたい（立花隆）
・所詮は生き物、地球の上に野垂れ死によ（柳家小三治）
・走り続けたまま終わりたい（安藤忠雄）
・向こうに招かれるわけだから素直に行ったらよい（水木しげる）
・命がけの仕事をしている最中に「頓死」すること（佐々淳行《さっさあつゆき》）
・おせっかい焼きの人間どもにいてもらいたくない（フジコ・ヘミング）

六十四歳の自営業男性が、妻と安楽死について話し合ったとき、「二人そろって病死して、何日もたって発見される……というのもわるくないね」という意見で一致した、と新聞の投書欄に書いてあった。死に対する考え方は人さまざま。それでいいと思う。マスコミが紋切り型にいうのを真に受ける必要はまったくない。

ただ一つ、「死ぬときはひとり」ということだけは心得ておいたほうがいい。いざというとき、あわてないために。人生、終わりよければすべてよし、である。

一流の男は「孤独感」とうまくつきあう

「そうはいっても、独りぼっちは、やっぱり寂しいですよ」

独身の編集者がこう言った。

その通りだろう。とくに都会の孤独は、山の中の独りぼっちよりも、孤独感が募るといわれている。

以前、著名な時代劇俳優の奥さんが、四歳の男の子を残して自殺した。享年四十二歳。何不自由ない境遇だったろうに、これも都会の孤独に負けたのかもしれない。新聞の見出しは「介護疲れ、ママ友なく、夫は留守」となっていた。

現代の「孤独三拍子」がそろっていたのだ。だが、同じ条件がそろっても、みんなが同様の行動に走るとは限らない。酷な言い方だが、彼女は、孤独とのつきあい方がうまくなかったのだと思う。

メールなどのコミュニケーション手段がいくら発達しても、それだけでは、人は孤独感から解放されない。やはり人間は、生身のつきあいが必要ということだ。

しかし、孤独三拍子の状態に置かれる人は、この先も増えていく可能性が大きい。それだけに、上手な孤独とのつきあい方を身につけることが大切になってくる。

では、どうすれば孤独とうまくつきあえるようになるのだろうか。

ひとついえるのは、そこから逃げないことだ。自分のいま置かれた状況が孤独だとしても、まず逃げずに受け入れる。人の心はなかなかうまくできていて、ある事態をストレートに受け入れると、そのことに意味や価値を見出すようになる。たとえばガンであることを受け入れれば、真剣に生きようと考える。

ただし、これには心が健全に働いているという前提が必要だ。心が健全に働いていないときは、逆に、物事をわるいほうへわるいほうへと考えがちだ。同じ情況でも人の考え方に差が出るのはこのためだ。

こんな例がある。フランス在住の日本人経営者から聞いた話だ。ジョギングでパリ近郊の公園を走っているとき、毎日、同じベンチに座って寂しげにしている老人がいた。何となく顔見知りになって、挨拶を交わすようになった。

ある日、彼は思い切って老人に聞いてみた。

「毎日、ここで何をされているんですか?」

「亡くなった妻の思い出に浸っている」

「そうですか。それはお寂しいですね」

すると、彼は急に笑顔になってこう答えたという。

「それは違う。私は妻との楽しい日々を思い出している。だから、ここにいるときが、いちばん幸せなんだ」

人の心には防衛機能というのがあって、どんなことでも自分に都合のよいほうへと考える特性がある。状況にうまく適応することで、心の中の不安や恐怖心を鎮めようとする。

孤独も前向きに受け入れれば、それに見合ったプラスの感情を引き出してくれる。それがどんなものかは人によって違ってくるだろうが、これを利用するためには、孤独から逃げてはダメなのだ。孤独を恐れないことである。

答えはすべて自分の中にある

人に悩みを相談したとき、「ものは考えようだよ」と言われることがある。たいていの人は、この答えに満足しない。おそらくはぐらかされたような気持ちになるのだろう。

しかし、それは違うと思う。「ものは考えよう」という言葉はそんなに軽く、無責任なものではない。それどころか、決定的な真実を含んでいる。「ひとり」を考えるときにも役に立つ。なぜなら、次のような研究結果があるからだ。

アメリカの心理学者が、大学生を対象に「孤独感」について行ったものである。「あなたは次のような気持ちになることがありますか」という問いかけで、以下のような質問を用意した。

・私は周囲の人たちとうまくいっていると思う

・私には友だちづきあいが欠けている
・私には頼る相手がいない
・独りぼっちだと感じることはない
・私には周囲の人たちと多くの共通点がある

これらの質問に「一度もない」「まれにある」「ときどきある」「頻繁にある」と四つの尺度で答えてもらい、分析したものだ（齋藤《さいとう》勇《いさむ》著『人間関係の心理学』ナツメ社）。

その結果わかったことは、「孤独な人は、結局、自らにも、人にも、社会にも否定的なため、友人ができず、自らますます孤独に陥っていく」というものだった。当然、その反対もある。「人にも社会にも肯定的な人は、友人や恋人にも恵まれ、孤独感に悩まされることも少ない」

だとすれば、まさに「ものは考えよう」ではないか。

ほかにも、こんなことがわかった。

「孤独感の高い男性は、女性に対して好意的ではない」

「孤独感の高い女性は、男性に対して敬意を抱かない」

人は誰でも孤独な立場に置かれることがある。そのとき「寂しい」と思う人がいる一方で、「一人もいい」と思う人もいる。置かれた状況はまったく同じでも、考え方一つでまるっきり変わってしまうのだ。

孤独感から脱出する方法は、これで明白だろう。自分にも、他人にも、社会に対しても、あまり否定的にならない——これだけでいい、ということだ。

これからの時代は一人暮らしが確実に増える。実際に増えているし、いま一人暮らしでない人も、いつそのような境遇になるかわからない。昔、一人身は肩身が狭かったが、いまはもう、そんなことはない。それどころか、一人暮らしは多数派へ向かっている。どんなに便利で快適な環境が提供されるようになっても、「孤独」だけはついてまわる。

逃げてもついてくる。だから、逃げるのはよそう。逃げないでつきあってみることだ。それが「孤独力」だ。それをつけるためには、できるだけ肯定的にものを見るよう努めること。そうすれば、孤独はあなたの人生を豊かなものにしてくれるはずである。

いまの世の中は、孤独を必要以上に否定的にとらえすぎている。そういう側面ばかりを強調するから、みんな「そういうものか」と思うようになる。孤独がどんなものか、その答えは自身の中にあるのだ。あなた自身がどう受け取るかにかかっている。孤独に限らない。人生すべての事柄は、その人の心次第なのである。

「孤高」はいい、「孤立」だけはするな

アメリカの話。人里離れた山の中で一人暮らす老人がいた。人を寄せつけない狷《けん》介《かい》な人物で、もう何十年も他人との交流がなかった。数カ月に一度、トラックを駆って山を降り、スーパーで食料や日用品を買い込んで戻っていく。あるとき、あまりに長期間姿を現さないので、警察が様子を見に行ってみると、なんと一人孤独死していた。

遺品を調べてみて驚いたのは、多額の財産があったことだ。立派な家に住んで、召使いにかしずかれて暮らせるだけの預金を持っていたのだ。そんな彼が、なぜ社会から隔絶された生き方を選んだのか、誰にもわからなかった。「ひとり社会」になったときに避けたいのは、この老人のような生き方ではないだろうか。

「孤高」という言葉がある。「他とかけ離れた立ち位置にいる」ことだが、社会と

は必ずしも孤立していない。たとえば、作家の永井荷風は孤高の人だった。荷風も一人孤独死した。だが、山の中で死んだ老人とは根本的に違う。荷風は社会から孤立してはいなかった。それどころか、毎日のように裸のきれいな女性がいる浅草のストリップ劇場に通っていた。自分のわがまま勝手に社会と交わって生きた。荷風は、孤高だが孤立ではない。

以前、大阪・豊中市で、元資産家の姉妹が孤独死した。親の残した財産を使い果たし、財布の中には十円玉九枚しかなかったという。彼女たちの場合は、福祉関係者が行っても受け入れなかったというから、社会から孤立する道を選んだともいえる。

これから一人暮らしをする場合に、気をつけなければいけないのは、孤高であってもよいが「孤立だけは避けるべき」ということだ。

孤立を避けるには、社会とのつながりを遮断してはいけない。そのためには何が必要か。

自分勝手でもいいから、人々の中に入っていくことである。もしかすると、他人から嫌われたり、疎まれたりすることもあるかもしれない。だが、それも人との一つのつながり方だ。

永井荷風と似たような孤高の生き方をした人物に、俳人の種田山頭火《たねださんとうか》がいる。彼は40歳をすぎてから、妻や子どもを捨てて、一人漂泊の旅に出た。いまのホームレスのようなものだが、俳句という創造的生産物があったことで、一定のファンを獲得し、その支援によって生き延びた。これが、孤高だが孤立ではない生き方の見本である。

山頭火はいったいどんなつもりでいたのか。いろいろな解釈ができるだろうが、哲学者のキルケゴールが孤独について語った次の言葉にヒントがあるように思う。

「たしかに人は孤独を愛する。それは愛と友情のゆくえの知れぬ幸福を、孤独のうちに発見するためで、星を眺めて賛嘆したいと思う人が、暗い場所を探すのと同じことだ」

最近、孤立する高齢者が増えている。彼らに共通する特徴は、何が理由かは別にして、自分から孤立を選んでいることだ。自分で選んでいるのに、「世間が冷たい」

とか「国が何もしてくれない」などと文句を言う人も少なくない。

これから一人暮らしが増えると、とくに男性の高齢者に、この種の人間が増えるような気がする。社会がそういう人間をできるだけなくす努力をすることも大切だが、いちばん肝心なのは、当人の心構えだ。

社会から拒絶されるのではなく、自分勝手に、生きたいように生きるずぶとさを身につけたほうがいい。「ひとり社会」とはそれが許される社会なのだ。

自然体でつきあえる友がいるか

こんな有名な笑い話がある。病院の待合室。老人が数名で話をしている。

「最近、Ａさん見かけないね。どうかしたのかな」

「病気みたい。家で寝ているそうだ」

「そう、じゃあ私、お見舞いに行ってこよう」

「だったら、早く元気になって、またここへ来るようにって伝えてよ」

冗談ではなく、本当にこんな会話が交わされているらしい。

病院が元気な老人たちのたまり場になるのは、医療費の増加という点では問題だが、老後の一人暮らしの人たちのコミュニケーションの場という側面から考えると、これはごく自然なことでもある。

孤独を癒やすには友人が必要だ。しかし、友人といっても、そんなに深いつきあいを求めなくてもいい。知り合い程度で十分。顔を合わせれば挨拶を交わし、ちょっとした話はするがプライベートには踏み込まないような間柄。そういう顔見知りを、できるだけ多くもっておくのが、「ひとり老後」を楽しむ一つのコツだろう。そんな友人さえもいない人生は寂しい。

道でバッタリ出会って、「やあ」「お元気ですか」「今日はよい天気ですね」「どちらへ」「ちょっと駅まで」「そうですか、お気をつけて」。こんな会話を交わすだけでも、世間とつながっていることが実感できるものだ。

また、この程度の知り合いで、どこの誰さんで、どこに住んでいるということがわかれば、いざというときも困らない。人とのつながりとはこういうもので、これがうまくできないで孤立する人間は、一人暮らしがつらいものになる。

実際に、こういう軽い人づきあいすらうまくできない人がいる。知り合いになりたいと思うが、なかなか知り合えない。こんなときは、どうしたらいいか。

まず意識過剰がいけない。自然体で接するのがいちばんだ。あるリサイクルショップの店長がこう語っている。

毎月、ある時期になると、目覚まし時計を持ってきて、買い戻しの約束をして置いていく老人がいるという。そのつど、渡すお金は千円ちょっと。約束通り買い戻しに来るから、売らないようにしている。リサイクルショップを、どうも質屋と勘違いしているようなのだ。はじめは、次の年金をもらうまでのつなぎ資金の調達が目的だろうと、店長は思っていた。しかし、あまり頻繁にやって来るので、あるときふと気がついた。「これは、私と話をしたくて来てるんだ」と。

それに気づいてからは、店長はその老人と、努めて長い会話をするように心がけているという。

病院の待合室に老人たちが集まるのも、病気にかこつけて、コミュニケーションしたいから集まってくるのだ。しかも、話題は病気に限られている。「私はどこがわるい」「俺はここを痛めている」などなど同じようなテーマだから、お互いに打ち解けやすい。

「ひとり社会」では、うわべだけのつきあいでも、人は十分に満たされる。これでいいのだ。むしろ深いつきあいはしないほうがいいとも言える。人間関係というものは、すべからく、ごく自然なかたちで知り合い、自然につきあいながら、ある特定の人間とは自然に深まっていく——これが理想ではないか。

「死ぬまで働く」心構えが不安を払拭する

講演などで、私が「どうか皆さん、死ぬまで働いてください」と言うと、「エーッ」という顔をする人が多い。だが、これからの「ひとり社会」を元気に生き抜くためには、この心構えでいたほうがいいと思う。

何もガツガツ働けというのではない。働く気概《きがい》をなくすと、気持ちのレベルダウンは早い。気が緩むと体もなまり、あっという間に老け込んでしまう。

「定年を過ぎたら、働かせてくれるところも少ない。給料も極端に安くなる」

そんな言葉を口にする人がいる。彼らは現役時代の思考がまだ抜けていない。定年後は、もう働く条件をあれこれ求める年齢ではないだろう。

私が言いたいのは、どんな方法でもいいから、「稼ぎ出す力」だけは保持しておけということ。この力のあるなしで、人の評価は違ってくる。自分の気持ちも違ってくる。つらい孤独は、稼ぐ力を失うときから始まるといっていい。

では、どうやって「稼ぐ力」を保持するか。自分が置かれた境遇、環境の下で、無理なく稼げる方法を見つければいい。

まずはオーソドックスに雇用先を見つけることだろう。キャリアを生かすかたちで売り込んでみる。余人をもって替え難い技能やノウハウをもっていれば、評価してもらえるはず。それがダメならアルバイトでも何でもやってみることだ。

第二は一人ビジネスへの挑戦である。いまはインターネットの時代。さまざまな情報の収集もやりやすくなっている。起業についても以前と比べ格段にやりやすくなっている。自分の能力やアイデアを生かした一人ビジネスは、年齢に関係なく入っていける分野である。

たとえば、英語や書道に堪能なら子ども相手に塾を開くとか、貿易業務に詳しいなら地元企業相手にコンサルタントをやるとか。趣味で集めた骨董《こっとう》品などをネットオークションに出品してみるというのも「あり」だろう。

雇われたくもない、ビジネスも面倒というなら、投資に参加してみるのも稼ぐ力の保持に役立つ。投資など「儲からない」「だまされる」と思うのは一面的すぎる。金持ちは、だいたいこれをやっているのではないか。

ビジネスマンとして生きてきた人なら、ひと通りの経済常識は備えているはず。少し本気になって勉強すれば、それなりの投資家になれるはずだ。大きくは狙わず、ささやかでも投資に参加していれば、経済感覚が失われない。それが稼ぐ力の保持につながる。

「ひとり」で生きる大前提は経済的自立だ。いまはそれを年金に頼る人が多い。頼ってもかまわないが、それしかないという情況は避けたほうがいい。どんな形式でもいいから、金額は小さくてもいいから、稼ぐ力を確認できる生き方をするべきだ。

いま日本を覆っている閉塞《へいそく》感、先行きへの不安感は、「老後は年金で……」という考え方の人たちが増えてしまったからだ。老後を年金に頼って暮らすのがわるいわけではないが、年金だけに依存することで、自らの稼ぐ力を急速に衰えさせてしまった。それで不安なのである。

「稼ぐに追いつく貧乏なし」ということわざがある。「働くことをやめなければ、暮らしは何とかなる」という意味だ。いまは、家もあり年金ももらっている人が不安を感じている。稼ぐ金額に関係なく、とにかく稼いでいれば、この不安感は払拭される。だから「死ぬまで働きなさい」なのである。

2章

一人暮らしの愉しみ方

人生を楽しむ三つの条件

日本のサラリーマンはまじめなタイプが多く、人生を楽しむのが下手なところがある。また、集団行動は得意だが、個人プレーはどちらかといえば苦手。一人暮らしになって、どうしたらいいかわからない人もいるようだ。そこで、「これを守れば人生はきっと楽しくなる」という三つの条件を挙げてみよう。

第一に「好奇心をもつこと」である。年をとってくると、物事への興味や関心が薄れるのはやむを得ない。たいがいのことは、おおよそ見当がつくし、ときどき興味をもてそうな事柄に出合っても、「いまさら感」がすぐ先に立つ。まず、その思考習慣を改めることである。

どうやって改めるか。

一つの方法として「よそゆきの気持ちになる」というのがある。ふつう友人などから「これ面白いよ」と言われたとき、頭から無下《むげ》に否定しないだろう。「そうですか、面白そうですね」などと調子を合わせる。これと同じ気持ちで接してみるのだ。

たとえば電子書籍を例にとってみよう。あなたはあまり興味がない。むしろ否定的に考えている。誰かがツールを持っていたとする。そういうとき、「フン」といった態度ではなく、「どれどれ、ちょっと見せてくれないか」と自ら手にとって眺めてみる。あえて興味のあるフリをしてみるのだ。

とくに流行や話題性の高いもの、あるいは自分の未体験ゾーンの事柄について、この姿勢を貫くといい。自然に好奇心がわいてくるようになるだろう。

第二は「素直になること」。素直になるとは「予見なく、そのまま受け入れる」ということである。素朴な心といっていいかもしれない。大人になると、自分では気づかないことが多いが、何でも自分の色眼鏡で見るようになりがちだ。

だが、子どもはまったく違う。子どもが何でも面白がることができるのは、素直に受け止めるからである。この気持ちを思い出してほしい。素直な心になると、拒否する姿勢が薄らぐので、自然と懐が深くなり、人が好感をもって寄ってくるようになる。

第三に、どんなこともとりあえずは「肯定的に考えてみる」ことだ。たとえば一人身が寂しくて仕方がなかったとする。そうすると、「自分の人生は失敗じゃなかったか」などと否定的な考えが浮かんでくる。

そんな思いが積み重なっていくと、だんだん憂鬱《ゆううつ》になってくる。近年、うつ病がはやっているが、うつ病になりやすい人に「メランコリー親和型」というのがある。どんな性格かというと、まじめで几帳面。いわれたことはきちんとやり、他者への気配りに神経を使うタイプだ。

見た目は明るかったり、活発だったりするが、その心の中では「……してはいけない」という否定的な考えに固まっている。したがってストレスがたまり、心が破《は》綻《たん》しやすい。

「好奇心をもつ」「素直になる」「肯定的に考える」

この三つのことを心がければ、あなたが一人暮らしになって、いかなる環境や境遇に置かれようとも、いつも充実した気持ちで乗り切っていけるはずである。
「人生は、われわれの内心の表現されたものである」（岡倉天心）
どんなときでも楽しめるのが、一流の男といえる。

あなたは、生きたいように生きているか

社是が「おもしろおかしく」という変わった会社をご存じだろうか。測定分析機器の世界的メーカー堀場製作所だ。この会社を創業した堀場雅夫氏は、こう語っている。

「おもしろおかしく仕事をしたら人の半分も疲れません。効率は倍になります。サラリーマンは生活時間の大半を仕事をして過ごすのですから、いやなことをして過ごすのは人生がもったいない」

いま、大半の日本人が感じていることは、漠然とした先行きの不安であり、庶民レベルでは一向に改善の兆しを見せない経済の低迷への不満である。だが、それを嘆いたり、恨んだりするだけでは、堀場氏にいわせれば「もったいない生き方」をしていることになりはしないか。

人生は面白おかしく生きていったほうがいい。

どうすれば、それができるか。人によって興味のありようが異なるから一概に言い切ることはできないが、「快感原則に忠実に生きる」のが、もっともそれに近い生き方ではないかと思う。

どういうことか。

それはつまらぬ心配をするのはやめて、「ケセラセラ（なるようになる）」で生きてみるのだ。どんな考え方をしたって、時間は同じように過ぎ去っていく。だったら、暗い気持ちで過ごすより、楽しい気持ちで過ごすほうが心地よいに決まっている。

一人になったら、自分のことだけを考えていればいい。「人のことなど知ったことか」と、自分の「快」、つまり心地よさを求め続ければいい。誰もそれに文句は言わない。

たとえば、ガンで余命三カ月と宣告されたとする。こういうとき、人間の心理の動きはだいたい決まっている。はじめはショックで悲観し、絶望感に襲われ、全否定……という過程を経て、最終的には受け入れる。だったら、そういう条件反射をやめて、一足飛びに受け入れてみてはどうか。

これは、むずかしいことか。まじめな思考しかできない人にはむずかしいかもしれないが、たとえばこんな考え方もあるのだ。

「最近、私はひとりでいるのがいよいよ好きになった。夜遅くひとりで、この自然の中に溶け込んでしまうのが好きだ。すべてがなんとすばらしいことか。あの雨を見よ。大地は歓喜にむせんで、天の恵みを受けていないか。私はもう七十三歳になる。私はそう長くは生きていられない。だが、私は毎日、新しいことを学ぶ。それだけが大切なことだ。やがて私は死とはどんなものかを知ることになるだろう。それはもしかしたら、すばらしいものかもしれない。もしかしたら幸福なものかもしれない。まもなくそれもわかるだろう」

フランスの彫刻家アリスティド・マイヨールの残した言葉である。ふつうなら暗く落ち込むような事柄なのに、何かワクワク感が伝わってくる。

要するに、考え方次第で物事なんかどうにでもなるものなのだ。ギリシャの享楽派哲学の祖エピクロスは、「快楽は第一の生まれながらの善」といったが、それは一部の人間からは刹那《せつな》快楽主義と誤解された。彼の真意はマイヨールが考えたような「快の立場から物事を見る」ところにあった。

日本人はマゾ的というか、苦の立場からばかりものを見るクセがある。総じてマイナス思考なのだ。だが、私は少なくともそういう考え方はしない。一人になったら、一日中楽しいことばかりして暮らす。

「人間の罪悪や苦悩なんて、自分で創造したり、発明したりするものは一つだってない。ことごとく先人の真似、先人から受け継いだものだ」（川端康成）

まったくその通り、誰も好きこのんで親から負の遺産を受け継ぐバカはいない。

孤独死、いいじゃないか

誰にも看取られずに死ぬ、孤独死が問題になっている。

九十五歳で孤独死した老婦人の部屋に「いつもひとりで赤とんぼ」という短冊があったという。こんな話を聞かされれば、誰だって「かわいそう」と思う。

だが、ちょっと待ってほしい。千人以上の患者の死を見届けてきた医師は、「孤独死を不幸と決めつけるのは間違っている」と言う。こういう意見にも耳を傾けてみる必要があるのではないか。

「家族がいるのに、自分の心の声に家族が耳を傾けてくれない孤独に比べると、最初から一人のほうが、期待しない分だけ楽だったりすることもあるのです」（大津秀一著『死ぬときに後悔すること25』致知出版社）

交通事故で重傷を負った男性の話。

医者は一度、彼の死を宣告した。とたん、家族は遺産をめぐって醜い争いを始めた。その一部始終を、男性はベッドで聞いていた。奇跡的に蘇生《そせい》した男性は、以来、人が変わってしまったそうだ。「こんなことなら孤独死したほうがましだった」と思ったのかもしれない。

日本では「孤独死、孤独死」と、一人で死んでいくことばかりを問題にするが、欧米では、そうした死に方はほとんど問題にならない。自立心が旺盛な欧米では、日本のように家族に見守られながら死ぬのが幸福とは必ずしも思っていないのだ。

いま日本では、年間で推定三万人が孤独死している。高齢者が自室内で死亡し、死後しばらくしてから遺体が発見されるようなケースだ。

基本的には、孤独死は少ないほうがいいに決まっているが、この先、単身世帯は増える一方だから増加は避けられない。そのたびに「孤独死をなくせ」「孤独死は侘しい」と言い続けるのだろうか。いま一度、個人の死に方について考えてみる必要があるだろう。

老人の死で、極めつきに悲惨なのが「姥捨《うばす》て」だろう。口減らしのため、親を山に捨てる。「こんなひどい話はない」と多くの人は考える。だが、そういう考えは、実は底の浅いものなのだ。そのことを如実に示す読書感想文がある。姥捨《うばすて》山伝説の名作『楢山節考《ならやまぶしこう》』（深沢七郎著）を再読した二十七歳の女性が、次のような意味のことを書いていた。

――二十一歳で初めて読んだとき、「なんてひどいことを」と思ったけれど、今回読み直してみて思ったのは、「かわいそう」とか「悲しい」とかの感情を超えたところから書かれていること。過酷な情況を「そういうもの」として受け入れて生きた、おりんの凜《りん》とした威厳すら感じさせる姿に圧倒される――。

いまの日本社会は、二十一歳の彼女が最初に感じたレベルでしか高齢者の孤独死を見ていない。単純に「おかわいそうに」の世界なのだ。実際、かわいそうなケースもあるだろう。だが、凜と生きて誇り高く死んでいく者だっている。姥捨ては自ら志願するのだ。

そちらを見ないで、十把《じっぱ》一絡《ひとから》げに「孤独死＝不幸」と決めつけるのは、どこかおかしい。「人間、死んだらゴミになる」と言っていた人がいた。私は「孤独死、いいじゃないか」と思うほうだ。しょせん、人は「ひとりぼっち」。自分が死んだら孤独死も何もない。あとはミイラになろうと、白骨になろうと関係ない。

ただ、孤独死で周囲に迷惑をかけないためにも、一人住まいなら、事後処理の費用としてある程度の現金を残しておいたほうがいいだろう。額は二、三十万円か、五十万円くらいか――。

いずれ避けられないことならば、残された者たちのことを考えて、備えあれば憂いなしでいきたい。

「和して同ぜず」、自分の意志を大切にする

日本人なら誰でも知っている言葉に聖徳太子の「和をもって貴しとなす」がある。知っているだけでなく、みんなが納得している言葉でもある。「和の精神」は日本人のＤＮＡに深く刻み込まれているからだ。

そのことに異を唱えるつもりはないが、なかには誤解している人も少なからずいるのではないか。そんな気がしてならない。どう誤解しているか。「和する」を「同じでいる」ことと決めつけているのだ。

和は「仲良くする、協調する」と辞書にはある。同は「同意する、歩調を合わせる」という意味。よく似ているが、実際はずいぶん距離のある言葉だ。その違いは『論語』の次の文言からも明らかだろう。

「君子は和して同ぜず。小人は同じて和せず」

きっちりと使い分けている。君子は人とよく調和するが、主体性を失うことはない。小人は和したつもりで付和雷同（主体性なく同調する）が多い。

このことと「ひとり」と、どんな関係があるのか。

これからの「ひとり社会」を生き抜いていくためには、主体性が求められるということである。たとえば「あなたはどうしたい？」と聞かれたとき、いままでは「みんなと一緒で」でもよかった。これからは、その態度ではもう通用しないのだ。

セルフ・エンプロイドという言葉をご存じだろうか。

「自分で雇われる」、つまり個人事業主ということだ。サラリーマンも、これからは次第にセルフ・エンプロイドになっていくだろう。「サラリーマンも職人の親方を目指せ」ということだ。

セルフ・エンプロイド型のサラリーマンの行動パターンとは、どういうものか。

たとえば、得意先から「こういうことをしたい」と提案されたとする。そのとき「もち帰って検討したうえ、ご返事いたします」ではダメということなのだ。その場で一緒に、ある程度話をつめて「残りの問題点を検討のうえ、ご返事申し上げます」でなければならなくなる。

「いちいちベンチのサインを見ないでも試合ができるプレーヤーが必要なのだ。会社は組織内にこうしたセルフ・エンプロイドを必要としているのである」（関島康雄3Dラーニング代表『エコノミスト』二〇一〇年一月二十四日号　毎日新聞社）

これが「和して同ぜず」の態度だ。

つまり、安易に同調することなく、お互いが主体性をもって考え行動する。以前なら、「得意先の提案だから」と、その場は同調して社へもち帰り上司に委ねる、という主体性のない態度でも通用したが、これからは一人ひとりが自分の職務権限の範囲内で意思決定しなければならないのである。

いままで日本人のなかには、「和する」と言いつつ、「同じる」ですませてきた人が大勢いた。

そうすることで自己責任を免れてきた。だが、これからはそれではダメだ。何となれば、欧米のビジネス社会はずっと主体性でやってきたからだ。

和すること自体は否定されることではないが、何でも同じてしまってはダメ。同じないためには、みんなが「そうなんだ」と思っていることをまず疑ってみることだ。そういう主体性がないと、グローバル化時代を生き抜けない。

人生も同じである。あたりの様子をうかがって、多数派に同調しようとするような人間の評価は低いということを肝に銘じておこう。

他人に迎合せず、自分の意志で物事を決めていきたい。

ケータイ、ネットを手放せるか

「ケータイやネットが逆に若者の孤独感を深めている」

以前、こう指摘していたのは、精神科医の香山《かやま》リカさんだ。その理由を香山さんは以下のように説明している。

自分がまだ二十代だった頃は、ケータイもネットもなかった。「私って孤独かも」という考えが頭をよぎっても、それを確認する手段がなかったから、「でも、どこか遠くにいる友だちが、自分のことを思ってくれているかもしれない」と空想して、気を紛らわすことができた。

しかし、いまはケータイやネットがあるから、過酷なまでに現実を確認できる。もし、自分のことを思ってくれる人がいれば、手元にメールの一通も届くはず。それがないのは誰も思ってくれていないということ。それは間違いない——そんなふうに結論づけてしまえる、というのだ。

もっとわるいことに、ブログを書いても、いまは誰が見てくれているか「足跡」がたどれるから、見てもらえていないこともはっきりわかる――と。われわれ出版の世界でも、いまは特定の本が、どこの本屋でどれだけ売れているか、刻々ととらえることができる。たしかに「期待想像性」というものが、入り込む余地がなくなってきている。

もともとケータイでもパソコンのメールでも、便利なコミュニケーションツールとして登場したものである。いつ、どこにいても、誰とでも話せるなら、「寂しくない」「心強い」と思われたが、そういう機能がある一方で、ある種の人たちを露骨に排除する結果を生んでいるわけだ。これはケータイやインターネット全盛時代の負の部分とも考えられる。

では、これに対処するにはどうしたらいいか。香山さんは「君は一人じゃないよ」と声をかけてあげたいと言っているが、現実にそうしたところで、いまは気休めにもならない。相手はリアルな真実を知ってしまっているからだ。

かつて文豪ゲーテは、「誰一人知る人もない人ごみの中をかき分けていくときほど、強く孤独を感じることはない」と言ったが、まさにそうした恐ろしいまでの孤独を、ケータイやインターネットはある種の人々に与えていることは間違いない。

実際に二〇〇八年のアキバ無差別大量殺傷事件の犯人の青年は、自分が「ブサイクな落ちこぼれ」であることを自覚した結果、あのような犯罪に走ったといわれている。

しかし、私は少し考えすぎではなかったかと思う。たしかにケータイもインターネットも極度に発達して、立派なコミュニケーションツールになったが、別にケータイがわるいわけではなく、たかがツールに飛びついて離そうとしない人間の側に問題があると思うからだ。

ひと頃はやったテレビゲームも「有害だ」と非難されたが、あれが有害だったのは、のめり込んだ一部の人間だけで、大半の人にはどうということはなかった。パソコンやケータイで「ネトゲ（ネットゲーム）廃人」になるまで、しがみつくほうが異常なのである。

電車の中で、みんなうつむいてケータイやスマホを操作しているような異常さに早く気づき、ケータイの電源、パソコンのスイッチを切ればいいだけの話。「一人じゃないんだよ」と言うのではなく、「みんな一人なんですよ」と言うべきではないのだろうか。

ツールがどう発達しても、人間の孤独は、人類発生から滅亡のときまで変わることはない。こういう冷徹な見方をしてこそ、この先どうすればいいか見えてくるのではないか。

「僕は人生をおもちゃに牛耳《ぎゅうじ》られたくないんだ」（クリント・イーストウッド）

高級料亭に一人で行く楽しみ

一人暮らしとは、「ひとり旅」をすることである。これができないと一人暮らしはつらくなる。これからは、誰もがそうなる可能性があるのだから、ある程度慣れておかなくてはいけない。

慣れるのは簡単だ。「やってみればいい」のである。どんな習慣もそうだ。いやなことでも、無理やりやらされ繰り返していると、だんだん慣れてきて以前ほどいやではなくなる。「ひとり飯」も同じである。

誰だって一人で食べる機会はあるはずだ。そのとき、一人がいやな人は無理に相手を見つけようとする。それをやめればいい。昼飯でも何でも、一人で食べるはめになったら、一人で食べればいいではないか。

そのときは、できるだけ「楽しむ」ことを心がけるべきだ。「一人で食べるなんて」と思いながら食べるのでは、いやな印象しか残らない。一人で食べる楽しみを見つけながら食べるようにしたい。

以前、「便所飯」が話題になったが、そんなに一人がいやなら、その時間帯に食べるのをやめればいい。トイレで食べるなんて不衛生きわまりない。トイレで食べる人間は、「食事はみんなでするもの」「昼飯どきはヒルメシを食うもの」と、二重に世間の常識に従おうとしている。その主体性のなさにあきれる。

「ひとり飯」は、実は楽しいものである。みんなでワイワイ食べるのも楽しいが、それとは別の楽しみがある。ノンフィクション作家の久《ひさ》田《だ》恵《めぐみ》さんが、その楽しみを新聞のエッセイ欄でこんなふうに語っていた。

「……自分の好みの『おいしいもの』だけをテーブルに並べて、ビールを飲みつつ、テレビを見つつ、『ひとりご飯』をしたのだけれど、しみじみ、シアワセだなあ、と実感してしまったのである」

みんなで食べるときは、食べ物よりつきあいの楽しみのほうが勝る。それはそれで充実感があるが、一人で食べるときは、料理を味わう楽しみに解放感が加わる。

たしかに「シアワセだなあ」という感じである。

ときにはちょっと贅沢をして、「ひとり」で高級料亭へ行ってみるのもいい。懐石料理などの和食は人間の五感を養うのに絶好の機会といえる。和食は視覚、嗅覚、味覚などを研ぎ澄ますのに役立つからだ。

私の知り合いの三十代の女性は、大阪に出張へ行ったときなど、京都で下車して、高級料亭へ一人で入って食事をして帰ることもあるという。そこの女将《おかみ》に「記者さんですか？」と、取材と間違えられたこともあったそうだ。一人ならではの楽しみでもある。

いくら高級な和食でも、誰と一緒の会食となると、話のほうへ神経がいくので、じっくりと料理を味わう機会を逃してしまう。五感を磨くには一人和食がいちばんいい。

そして、一人暮らしを充実させるには、食べることによるシアワセ感が絶対に必要だ。人によっては「たかが飯」だろうが、一人暮らしに彩りを与えてくれるのは、何といっても食事なのだ。そのことを忘れてはいけない。

私たちは「いつでも食べられる」という恵まれた立場にいるから、「食べるシアワセ」を忘れがちである。

ためしに一日、二日、絶食してみればいい。「人間、食事のうまいのは幸福である」（夏目漱石）が実感として迫ってくるはずだ。

「ひとりカラオケ」は寂しすぎる

カラオケボックスへ一人で行って、一人で歌って帰ってくる「ひとりカラオケ」がはやっているらしい。

業者のほうも心得ていて、「おひとりさま歓迎」の看板を出し、料金の割引までしているという。それだけお客がいるのだろう。最近は「ヒトカラ（ひとりカラオケ）専門店」もあるという。

私はもともと、マイクで歌うのも人の歌を聴くのも好きではないから、練習のためというならわかるが、自分が楽しむために一人でカラオケに行くというのは、ちょっと理解できない。

一人で歌いたければ、風呂に浸りながらでも歌えばいいではないか。わざわざ出かけていくというのは、どういう心理なのだろうか。マイクの魔力なのだろうか。

「仲間に気を使わず好きな曲が歌える」

「ストレスが発散できる」

この話を伝える新聞記事にはそう書いてあった。それでわかったことがある。一人でカラオケに行く人間は、みんなとカラオケに行っても、仲間に気を使って好きな曲を歌わないことがあり、また、カラオケで歌っても、仲間とではストレスが発散できないということなのだ。

しかし、考えてみれば歌はメッセージである。人に聴かせるというと大げさだが、少なくとも人に聴かれることを前提に歌うのがふつうだ。本来ならば社交の場である空間で、一人歌っている姿を想像すると、薄ら寒い感じがするのは、私だけではないだろう。

自分一人で歌って自分一人で聴いて、本当に楽しいのだろうか。

もしかして、孤立した自分を再確認することになりはしないか。他人事《ひとごと》ながら心配になるが、「ひとりカラオケ」への業者のキャッチコピーは、「部屋に入れば、自分一人の世界に没頭できます」というもの。なるほど、そんな世界もあるのだろう。

「ひとり」を厭いながら、一人になりたがっている、という現代人の複雑な心情が、こんなところにも表れている。

みんなでカラオケに行けば、自分が歌いたい曲を先に歌われてしまうこともあるだろう。しかし、他人と一緒の行動というのは、もともとそういうものではないか。そんなことは、何でもないことだ。ストレスになるようなこととは思えない。

人間は誰でも自己中心的なところをもっているが、「好きな曲を一人でも歌いたい」という自己中心性には、どこか健全ではないものを感じる。

世間や他人が自分に興味をもってくれないと腹を立てる身勝手さと、ひとりカラオケに行く行為は、一脈通じるものがあるような気がする。それは、何が何でも自分の意志や感情を歪《いびつ》な方法であっても押し通すという「意固地さ」の表れのようでもある。

他人をうらやむことはやめる

人間、成長するためには誰かと競争するのがいちばんいい。受験の勝者を見ればよくわかる。競争するためには、比べなければならない。比べて優劣を見極め、そこから勝つための努力が始まる。

物心ついてからいまに至るまで、現代人の大半は一貫して競争原理のなかで生きてきたはず。ということは、いつも何かを他と比べ、また比べられてきたはずだ。だが、リタイア世代になったら、もう比べるのはやめたほうがいい。その年になってまで、比べているとロクなことにならない。

最近、親の婚活というのがはやっている。親が結婚しようというのではない。四十、五十にもなった息子や娘のために、親が相手探しに走り回っているのだ。

親の気持ちもわからないではない。子どもに幸せになってもらいたい。自分たちも早く安心したい。孫の顔も見たい。でなければ、自分たちが子どものためにしてきた努力が水の泡になる。と、まあ、こんな気持ちだろう。他と比べて人並みを望んでいるのだ。

「お前たちはだめだねえ。僕たちの方ではね、自分を外のものとくらべることが一番はづかしいことになっているんだ。僕たちはみんな一人一人なんだよ」

宮沢賢治の詩の一節である。

比べていいことと、わるいことがある。「自分にないもの」をむやみにうらやましがったり、欲しがったりするのは、わるい比べ方なのだ。

親の婚活話でいえば、息子や娘が自分で結婚相手を見つけるのはいい。だが、親が婚活までして相手を探すというのは間違っている。自分たちにないものを、人の気持ちを無視してまで、やたらに欲しがっているからだ。

最近は世の中全体に、比べるべきでない比べ方が横行している。

以前、上海万博のとき、中国は過去最高の大阪万博の入場数を抜こうと躍起になった。何とか目的は達したらしいが、こんな空しいことはないと思う。

中国と日本では人口の分母が違う。向こうは日本の十倍以上。だから入場者が多くて当たり前。万博史上の記録を塗り替えたところで、いったい何がどうだというのか。

身近なところでは、妻と夫のへそくり話がある。不景気で夫のへそくりは減少、妻のへそくりは増加したとマスコミが騒いだ。何でも数字で比べるのが当世流だが、「だから何だ？」と問いたくなるようなものばかりだ。

中高年を過ぎたら、なるべく比べない生き方をしよう。比べたいなら、自分の満足、感謝のために比べよう。他人と比較して「いいな、うらやましいな」という比べ方は、気持ちをかき乱すだけで、決していい結果を生まない。

「ダモクレスの剣」をご存じだろうか。

王様側近のダモクレスが、王の身分をあまりにうらやましがるので、ある日、王はダモクレスを玉座に座らせた。だが、玉座の上を見ると、天井から髪の毛一本で吊り下げられた抜き身の剣がぶら下がっていた。他人をうらやむこととは、だいたいこんなものである。

「孤独力」はいつでも磨くことができる

「ひとり社会」を、他人に頼らず生き抜いていく能力が「孤独力」である。女が男より長生きなのは、この差ともいえる。男は、どうやってこの能力を身につけたらいいのか。

いちばんのチャンスは妻の外出である。よくできた奥さんなら、自分が何日間か家を空けるようなとき、夫が困らないように食事の作りおき、下着の用意などしていく。

これが当たり前になって、妻が買い物に出かけるだけなのに、「俺の昼飯、どうなるの」などと言う夫がいる。現役時代はともかく、定年後は、こんな頼り方をしていてはいけない。

妻の外出を「孤独力」を磨くよい機会ととらえて、何でも自分でやってみる。お茶を入れる、食事を作る、ゴミ出しをする、風呂の掃除をする、洗濯機を動かしてみる、回覧板を回す……日常生活で、自分がいかに何もしてこなかったかがよくわかるだろう。

一つひとつの行為は些細《ささい》でも、人生とはこういう雑多な行為の積み重ねでできあがっている。日本の男は、「仕事さえしていれば一人前」という意識が強い。だがこれは間違いで、まだ半人前なのだ。

以前の日本家庭は、外へ出て働く半人前の夫と、家で家事や子育てに専念する半人前の妻が力を合わせて一人前の家庭を築いてきた。

しかし、多くの女性が働くようになった現代、夫が家のことを何もしない家庭は、明らかに女性の負担が重くなっている。

若いカップルは、「イクメン」に象徴されるように、夫が育児を手伝うようになった。ゴミ出しと風呂の掃除は夫の役目など、夫も率先して家事をする。

だが、こういう習慣を身につけないまま現役を終えてしまった男性も少なくない。ある意味、恵まれていたわけだが、この先、一人暮らしのとき困ることになる。家事の一つもできないようでは、生活面で無能力者同然だからだ。

そうならないためには、妻の外出時に留守番をしながら、「孤独力」を磨くといい。

私がとくにすすめたいのは料理である。動物の行動を見ればわかる通り、「食べる」ことは生きる基本中の基本である。動物は自分でエサ取りができなくなったら、そこでおしまいになる。人間だって似たようなものだと私は思う。

人間は料理ができなくても、命までは落とさないが、料理ができるか、できないかによって一人暮らしの豊かさは大きく変わってくる。料理はうまくなる必要はない。手早く栄養バランスのよい料理が作れるようになればいいのだ。

飯炊きと味噌汁作り、魚や肉の焼き方、野菜の炒め方、煮物の基本、出汁の取り方などは、ひと通りマスターしておきたい。それができれば、あとはレトルトに頼ろうと惣菜を買い足そうとかまわない。

料理の基本を知っているかどうかで、一人暮らしの快適さはずいぶん違ってくる。さらに、何か一つ自慢できる得意料理を身につければ社交の武器にもなる。自宅に人を招いてパーティーも主催できる。新しい友人に巡り合うチャンスも、こういうところから生まれてくるものだ。

「舌の悦《よろこ》びは、生命につながるもっとも素朴な欲望である」（野上弥生子《のがみやえこ》）

3章

「孤独」が男の器を大きくする

一流の男は「ひとり時間」をもっている

弓弦《ゆみづる》は、張りっ放しにしておくと、弾力がなくなって役に立たなくなる。人間にも似たようなところがある。緊張ばかりの日々を送っていると、ある日、バタッとくる。どこかで「弛緩《しかん》」ということが必要だ。それもこまめに。

その意味で「ひとり時間」は貴重である。

「どんなに多忙でも、独りになる時間というものを作るように心がけている。それが、たとえ五分であってもかまわない」

以前、歌舞伎俳優の四代目市川猿之助氏が、亀治郎《かめじろう》時代に新聞のコラムでこう語っていたが、私もまったく同感である。一日一回、そうした時間をもつ人と、もたない人の差は、何十年後かに決定的なものになって現れてくるような気がする。

人間は習慣の動物である。どんなことでも慣れてしまえば、何の疑問もなく、その生活を送るようになる。自分の日常を振り返ってみるといい。誰もが「これが当たり前」と思って過ごしている。

たとえば、いまはケータイなしでは過ごせない人が多い。だが、私が若い頃、そんなものは影もかたちもなかった。世の中の進歩や変化が生活を激変させる。それがよいのかわるいのか。ときには立ち止まって考えてみることが大切だ。それには「ひとり時間」が必要なのである。

どうやって、その時間をつくるか。いちばんつくりやすいのは寝る前だろう。バタンキューではなく、三十分くらい頭を空っぽにするとか、日常の延長ではないことを思索してみる。日記をつけるのもいいかもしれない。

日中でも、その気になれば「ひとり時間」はもてる。たとえば喫茶店でくつろぐ。そのときは、あまり現実に即したことを考えないほうがいい。

また、ときには一人でブラリと街を歩いてみる。そして、空を見上げてみる。よく晴れた日なら、青い空の美しさにハッとさせられるはずだ。あるいは公園に足を踏み入れて、芝生の緑や花壇の花を眺めてみる――。

とにかく、一日のうちのわずかな時間でいいから、家族もいない、仕事の人間もいない、友人も知人もいない、何にも属さないまったくニュートラルな自分だけの時間をもつようにするのだ。

私たちが日常生活を送っているときの脳波は、ベータ波と呼ばれる緊張波だ。この脳波状態のときはエネルギーが出るが、同時に体を傷《いた》める。それを和らげてくれるのが弛緩波のアルファ波だ。

ベータ波だけではストレスがたまる一方だが、「ひとり時間」がもてると、アルファ波が出てストレスを解消してくれる。忙しい日々を送っている人は、健康法としても一人の時間は不可欠なひとときになる。

私の体験から言えば、「この人は仕事ができるな」と感じる人のほとんどは、夕方六時以降、会社にいることが少ない。部下にも残業をさせない。

デキる人間は、みんな自分なりの「ひとり時間」をもっているものだ。

「ひとり上手」になって幸せを追求する

「食べてくれる人がいれば、料理も作る気がするけれど、いまはもう一人だから面倒くさくて、ほとんど作らない」

料理上手で有名だった知り合いの奥さんが、当然のようにそういったのを聞いて、ちょっとがっかりした。

ただ、その気持ちはよくわかる。子どもや夫が「おいしい、おいしい」といって食べてくれれば、作りがいがあるが、自分一人のために作るのは――プロの調理師が自宅では料理をしたがらないのと共通する心理なのだろう。

ほかのことでもそうだが、自分のためだけに何かに熱中することができない人というのは、意外に多いのではないか。

しかし、そんな自分を許していると、一人暮らしは楽しめない。こういうタイプの人は「ひとり上手」とはいえない。これはもったいないことである。

この先、いやでも体験せざるを得なくなる「ひとり時間」を彩りのあるものにするためには、どのようにすればいいのか。

「ひとり時間の楽しみ方は、アーティストになることに尽きると思います」

こう言っていたのは『クロワッサン症候群』（文藝春秋）の著書があるノンフィクション作家の松原惇子さんだ。

アーティストというのは、いい発想だ。一人暮らしになったら、万事に「アーティスト発想」をもつのはよいかもしれない。

たとえば、ビーフシチューに凝る。料理本を参考にしながら吟味して作ってみる。うまくいかない。でも、あきらめずに何度か作る。そういうとき「上手に作れたら、友だちを呼んでパーティーをしよう」と考えるのがいいと松原さんは言う。

「これがアートであり、ひとり時間を楽しむことなのです。そのほかにも私は、ひとり時間に絵を描いたり、ギターを弾いたりしています。料理も絵も音楽も、すべてアート系。家の中で、ひとりでじっくり取り組むことができて、一生続けられるものです」

たしかにその通りだ。

だが、なかには家の中でやるのではなく、習い事に通ったり、買い物や旅行など、外出スケジュール満載の生き方をする人もいる。

松原さんは、そういう生き方を「ひとりが怖くて、ひとり時間を紛らわしているだけではないか」と疑問を呈する。

そうとばかりはいえないと思うが、そういう生活は長く続けていると、やがて飽きてくるだろうし、また、友だちもだんだん減っていくから、最後まで続けられるものでもないのは確かだ。

「最高のものを求める人は、つねにわが道を行く。人間は最高のものを決して共存しない。幸福になろうとする人は、まず孤独であれ」（ハーマーリング／オーストリアの詩人）

やはり、腰を据えて一人で生きるためには、一日二十四時間をたった一人でどれだけ楽しめるか。そういう観点から見つめ直してみることも必要だろう。

自分だけの「隠れ家」をもっているか

私の知り合いに、三浦半島の漁港町に一部屋借りて、月一、二回のペースで通っている男がいる。彼はそこを「魚部屋」と呼んでいる。

「年をとると、魚がいいっていうじゃないですか。新鮮な魚を食べに行くんです」

そう言っているが、実は狙いは別にある。そこは、ごくごく親しい人間しか知らない彼の「隠れ家」なのだ。たぶん、奥さんも知らないだろう。

職業が著述業だから、取材の旅に出ることも多い。一日、二日家を空けても、家族は不思議に思わない。それをいいことに、そこで「ひとり」を満喫している。

私は隠れ家をもたないが、妻も友人も知らない「くつろぎ空間」を都内にいくつか見つくろってある。そこへ行けば、一人だけの静かな時間が過ごせる。男はそういう空間をもっておくべきだと思う。

家に自室があっても、家族がいれば完全に一人とはいえない。現代人は、真に「ひとり」になるのが意外にむずかしい。解放感を味わいながら「一人だなあ」としみじみ思えるのは、単独で空席だらけの新幹線に乗ったときとか、出張先のホテルでくつろぐときくらいではないだろうか。

最近、隠れ家志向が強まっているのは、「一人になりたい」と思う人が増えてきているからだろう。人は基本的に孤独が好きではないが、ときには孤独になりたいと思うときがある。そういう矛盾した存在なのである。

隠れ家には、どんな効用があるか。私は三つあると思う。

第一に「リラックス効果」である。誰にも邪魔されない状態で、「ひとり」でいることくらい解放感を味わえるひとときはない。しかし、ふだんは一日二十四時間のうち、ほとんどそういう時間をもてない生活を私たちは過ごしている。

パソコンで仕事をし、ケータイで連絡し合うようになってからは、さらにひどくなった。誰もが心理的に気の休まる暇がない。だが、隠れ家に来てケータイの電源を切れば、束の間であれ、それができる。

第二に「自分を見つめることができる」ことだ。一人旅をすると、「俺って、いまのような生き方でいいのかな」などと、ふだんとは違ったことを考えるようになる。隠れ家では、これとよく似た体験ができるのだ。

第三に「独創力が養われる」ようになる。ひらめきとかアイデアというのは、人と一緒ではなかなか生まれてこない。誰からも邪魔されないという環境に身を置くと、脳がイキイキと働き出し、思いがけない着想を得たりするものだ。

このことは、過去に偉大な発明や発見をした人間が証明してくれている。ストレスから解放され、自分の内側に意識を向けると、眠っていた潜在能力が発揮できるのだろう。隠れ家は、日常的にそういう時間をつくり出してくれる。

知り合いの魚部屋のような隠れ家をもつことは、ふつうのビジネスマンには、むずかしいかもしれない。だが、日常生活のなかに「自分だけの空間、時間」をもつ工夫は絶対に必要である。ファミレスでも喫茶店でもいい。自分なりのスペースをつくってしまえばいいのだ。

寂しさに強くなれば、人生は楽しくなる

相手が独り者、あるいは一人暮らしと聞くと、「寂しいでしょう」と決まり文句を言う人が多い。

一年のうち十カ月以上も奥さんと離れた生活をしている知り合いも、「何十回言われたことか」と嘆いていた。「それで、どうなんだ?」と聞いたら、

「全然、快適そのものです」

奥さんも平気で一人暮らしをしているというから、これはこれで一つの夫婦のあり方なのだろう。

「一人暮らしが寂しいだなんて、よほどそれまでがシアワセだった人よ」

子どもが自立したあと、夫を亡くし、一人暮らしをしている六十代の女性の言葉。作家・久田恵さんのエッセイに紹介されていた。彼女は夫の横暴に耐えた経験

があるという。一人になれてホッとする人生だってあるのだ。

そうかと思えば、現役バリバリの三十代の独身女性が、「一人帰宅して、暗い部屋の電気をつけるのがイヤ」と嘆く。どんなときに寂しさを感じるかは、人によりまったく違ってくるものだ。ちなみに、いまは無人の部屋でも電気を外から簡単につけられるシステムがある。

私もときおり寂しさを体験するが、それは自分の境遇や環境というより、音楽会で名曲を聴いたり、よい絵を見たりしたときだ。

こちらの心の状態もあるのだろうが、ショパンの曲などが「寂しさ×美しさ＝やるせなさ」というようなものではないだろうか。

あるいは、よく知られた藤原定家の「見渡せば　花も紅葉もなかりけり　浦の苫《とま》屋《や》の秋の夕暮れ」のような歌に接したときだ。

こういうときに感じる寂しさは、決して心地わるいものではない。寂しさを理由に一人暮らしに戸惑いを覚える人は、孤独に過剰反応しているのではないか。要するに「寂しい」という言葉に弱いのだ。

日本人には昔から寂しさを好む風潮がある。四季折々の変化、自然の風物、喜怒哀楽、愛別離苦――いろいろなものに寂しさを見つけては表現してきた。

この種の寂しさに慣れ親しむと、私たちが日常生活で味わう寂しさなど、どうってこともない気がしてくる。

寂しいのが苦手という人は、和歌にでも親しんでみればいい。先人たちは、そこに人生のはかなさ、空しさ、美しさなどを見ていたのだ。それがわかれば、自分たちがふだん感じている寂しさなど大したものではないことがわかるはずだ。

私たちが西行《さいぎよう》や松尾芭蕉《まつおばしよう》、山頭火を好むのは、私たちのなかにも漂泊者願望のようなものがあって、彼らの作品と私たちのその気持ちとが感応するからだろう。

孤高の作家・永井荷風に次の言葉がある。

「ああ世に寂寥《せきりよう》ほど美しきものこれあり候《そうろう》や。寂寥は無二の詩神にこれあり候」

寂寥とは「ものさびしいさま」「ひっそりしているさま」のことである。

これからの日本は間違いなく「ひとり社会」になる。私たちは、もっと孤独ということに強くなる必要がある。強くなれば、人生は楽しくなる。さらなる人生の高みへいける。孤独に負けてしまえば、悲惨な人生を送らなければならないだろう。

組織に頼らず一人で生き抜く

あなたの仕事観とは、どういうものだろうか。

「サラリーマンの仕事はチームワークが大切。個人プレーに走ってはいけない」

こんなことを言う人がよくいるが、この文句は誤解を招きやすい。私にいわせれば、どんな仕事であれ「仕事はひとりでやるしかない」ものだ。

みんなで手分けしてやる仕事であっても、自分に割り当てられた分は、自分以外にやる人間はいない。自分一人でやりこなすしかない。

したがって、どんな仕事も、一人でこなす「覚悟」と「責任感」が求められる。

仕事のできない人、うまくいかない人というのは、このことがわかっていない。

直木賞作家の桐野夏生《きりのなつお》さんが「仕事はひとりでやるしかないもの。だから孤立を恐れない」と言っていた。彼女は作家という特殊な職業人だが、この覚悟はあらゆる仕事に通じることではないか。

就職先が決まらない若者に関して考えれば、不景気のせいばかりではなく、雇う側と雇われる側の仕事観のズレも大きいのではないかと思う。終身雇用時代は、上から命令されたことをこなせばよかったが、いまはそれではすまない。

サラリーマンであっても、つねに「何をすべきか」を自分で考え、自ら計画を立て、一定の成果を出さなければならない。その意味ではサラリーマンも、作家やプロ野球選手と同じ個人事業主に似てきたのだ。

このことは何を意味しているか。

仕事にも「おひとりさま」の時代がやってきたということだ。いままで「おひとりさま」といえば、主にアフターのライフスタイルのことだったが、これからは仕事にも「ひとり」が関わってくる。

こんな時代をどう生き抜けばいいのか。

「サラリーマンも一人親方になればいい」と言っている人がいる。「組織内一人親方とは、組織内にあっても、上司、関連部署、同僚などと良好な関係を保ちなが

ら、自律的に仕事のできる専門家のことである」（関島康雄　前出『エコノミスト』誌）

組織に属しながら、組織に頼らないで一人で生き抜く。こういう人のことをP・ドラッカーは「テクノロジスト（高度技能者）」と呼んでいる。

「テクノロジスト＝一人親方」。これからのサラリーマンが目指すべきは、このタイプである。一人親方になるためには、「これなら人に負けない」という熟練度の高い技術、技能の一つや二つはもっていなくてはならない。

そういうものがなくて、「仕事をください」といっても、まともな仕事にはありつけない。素人、玄人《くろうと》でいえば、これからの時代、少なくとも仕事に関しては、明らかに玄人重視の時代である。

同時に「ひとり」に強くなければならない。このことは職人の世界を思い浮かべれば、すぐにわかるだろう。職人は自分のやるべきことを黙々とこなす。もちろんチームワークが必要になることもあるが、基本は個人プレーである。このことをしっかり胸に刻んでおきたい。

仕事は人生の半分、一流の男は自分の趣味をもて

一人暮らしを充実させるのは何といっても趣味だ。「仕事が趣味」という人もいるだろうが、それはそれでかまわない。その代わり、死ぬまで仕事を続ければいい。それができれば、こんな「幸せな人生」はないだろう。

だが、仕事はそういつまでも続けられない。リタイア年齢に達すると、雇用機会は限られ、働く意欲があっても、働けない場合も出てくる。そういう人は仕事以外に趣味がないと、何をしていいかわからなくなる。

いまリタイア組で「灰色の毎日」を過ごさなければならない羽目に陥っているのは、仕事以外に趣味をもたなかった人たちだ。

大手自動車メーカーに勤務、六十五歳でリタイアした人がいた。典型的なビジネス戦士で、仕事以外に趣味はまったくない。遊びということに、ほとんど意欲をも

たない人生を生きてきた。

おかげでそこそこの出世もし、経済的にも恵まれた日々を過ごしているが、息子によれば、まだ七十前だというのに、認知症の気配が出ているという。本人にはその自覚がないようだが、自分から仕事を差し引いたら何も残らないような人生を送ってはならないと思う。

このことは、いま四十代、五十代の働き盛りの人に声を大にして言いたい。日本のビジネス戦士は「仕事さえきちんとやっていればいい」という考え方があまりに強すぎる。仕事のデキる人に限って、そういう考え方をもつようだ。

だが、仕事は人生の半分でしかない。人間には仕事とは関係なく、生活というものがある。仕事しかできないということは、実をいえば、受験勉強に打ち込んでいる受験生と変わらないのだ。

東大受験を目指す受験生が、何もかも親に面倒を見てもらって、ひたすら勉学に励む。ただ、受験は数年で決着のつくことだから、それも許されるが、仕事となると三十年、四十年も続く。

以前はそれでもよかったが、これからは仕事以外に目もくれない人間は、社会人として半人前にしか扱われないだろう。時代がそのように変わってきているのだ。二十代、三十代の若い世代は、そのことに気づいたようで、「働きバチ」タイプは減ってきているが、五十代にはそのようなタイプがまだたくさんいる。リタイア後の第二の人生を充実させたかったら、少しは仕事を抑制して、趣味の世界にも目を向けたほうがいい。

いまからでも遅くはない。少しでも趣味的なことがあるなら、それを深める努力をしてみることだ。趣味らしい趣味がないなら、いろいろなことに挑戦して、自分の趣味にしていくことだ。

とくに私がすすめたいのは、何かを創り出す趣味だ。絵を描くのでも、焼き物を焼くのでも、日曜大工のようなことでも農業でも何でもいい。パチンコ、麻雀のような非生産的なことではない趣味をもつことである。

なぜなら、一人暮らしになったとき、その創り出したもので、他人とよい関係が築けるからだ。テレビを見るとか、旅行へ行くとか、消費的な趣味ばかりだと、気がついたとき「ひとりぼっち」ということになりかねない。何であれ、生産的な趣味というのが、これからはいちばんいいのではないかと思う。

手と足を使う仕事を見つけなさい

「現代人は頭ばかりで生きることをしいられ、自分からそれを選び、それだけに執して生きています（中略）。部屋の中で寝てばかりいないで、立ちなさい。立つことです。部屋から出ることです。そして、何でもいい。手と足を使う仕事を見つけなさい」

これは作家・開高健《かいこうたけし》氏の言葉だ。

開高氏の言葉を集めた『一言半句の戦場』（集英社）という本の一節である。別に一人暮らしの人に向かって言った言葉ではないが、一人身の人が肝に銘じておくべき価値があると思う。

人間は一人でいると、どうしても活動的でなくなる。まして、年をとってくるとなおさらだ。ふだん活発に動いている人間は、たまの休日、家でゴロゴロしているのが休息になるが、「毎日が日曜日」の人がそれをやったら体がなまるだけだ。体がなまることは生活習慣病に直結するだけでなく、精神の荒廃にも関係してくる。

開高氏が亡くなったのは一九八九年。もう三十年近くたつ。この言葉は氏の亡くなる二年前だから、この頃から開高氏は日本人の頭でっかちを憂えていたわけだ。いま同じことを繰り返し言っている人がいる。解剖学者の養老孟司《ようろうたけし》さんである。

現代人は脳に大量の情報をインプットしている。インプットがあれば、それに見合うアウトプットが必要だ。脳のインプットに対するアウトプットは身体行動でなければならない――これが養老さんの弁である。

この貴重なアドバイスに現代人はどれだけ従っているか。どうも従っていない人が多いようだ。自分の体を気にする人はジムへ通ったり、ウオーキングをしたりする。だが、どう見てもこまめに体を動かしているのは、少数派のように思える。これは無理もない。現代文明というのは、車をはじめ人をなるべく動かさない方向へ向かっているからだ。

体を動かさないことの怖さは、次の何とも皮肉な事例からもはっきりとわかる。

近年、介護の地域格差が目立ってきている。大都市などには介護人が大勢いて充実した介護が受けられるが、同じ介護保険料を支払っても、山間僻地の住民は介護人不足から、十分な介護が受けられないという。これは不公平ではないか。

そこで何とか公平な介護を実現しようと、高齢者の動向を詳しく調べたところ、次のようなことがわかった。ある離島には、数百人の要介護高齢者がいるのに、介護の資格をもつ人はたった一人しかいない。「保険料だけ一人前に取りやがって……」と島の住民は文句タラタラだ。

ところが、その島の要介護者は、介護の行き届いた地域の要介護者と比べると、はるかに元気で、なかには要介護レベルの改善まで見られるという。付き添いなしには外出できなかった人が、杖をついて一人で出歩けるようになったり、寝たきりが起き上がったりと、劣悪な介護レベルがかえって幸いしているのである。

以前、こういう話を聞いたことがある。九十代で一人暮らしのおばあさん。ほとんど寝たきりだが、頭はしっかりしていてすこぶる元気。その秘訣はというと、家に誰かが訪問すると、時間をかけてでも玄関まで這《は》って出てくる。そんなことをしなくてもいいのだが、自分から率先してそうしているのだ。手足を使う効果恐るべし、である。

窮地に陥ったときは、徹底して孤独になる

自分の成長が足りないと思ったら、思い切って孤独になってみるといい。

実業家の世界では「事業経営で一人前になるには、死ぬほどの大病をするか、刑務所に入るのがいちばん」という考え方がある。両方とも孤独になることだ。実際、経営者は孤独なのである。

なぜ、孤独が人を成長させるのか。自分の内側を見つめて、じっくり考えることができるからだろう。人間は生きていると、毎日いろいろな人と出会い、いろいろな出来事に遭遇する。それへの対応に追われて、意外にじっくり考えることがない。それではなかなか成長できないのだ。

お釈迦《しゃか》様だって、妻も子もいたのに、すべてを捨てて、たった一人になって修行をしたことで悟りを開いた。マホメットも洞窟にこもってアラーの神の啓示を受け

取っているし、似たような話はキリストにも見られる。大成した人はみんな一人で過ごした時間をもっている。

歌手の矢沢永吉さん。態度のでかい男とばかり思っていたが、彼もかなりすごい体験をしてきていることを、朝日新聞の「仕事力」というコラム記事で知った。同時に孤独で過ごす時間の大きな力を再認識させられた。

彼はバブルの最中、オーストラリアに二十六階建てのビルを建てて事業を始めた。あの頃、芸能人の間ではやった不動産投資である。

ところが、自分自身が現地へ赴《おもむ》いて事業をしたのではなく、お決まりの他人任せ。案の定というか、大変な裏切りに遭って三十億円の負債を背負ってしまった。自分があずかり知らないこととはいえ、法律上、そうなってしまったのだ。

事が発覚したとき、彼は落ち込んで一人でヤケ酒を飲んでいたらしい。スターであり、いつも大勢の人に取り囲まれる生活から、一転して孤独な世界に閉じこもった「にわか引きこもり」のようなものだ。

「これで矢沢も終わりだと思って、真っ暗闇の中にいるような気持ちでしたよ。でもね。一週間もそうやっていたらアホらしくなってきて、ある日、ふと気づいたのね。これは映画だと思えばいいやって。ホラ、人間は何度も生まれ変わるというじゃないですか。このたび僕は、キャスティングによって矢沢永吉になったわけ。でも、途中でオーストラリア事件とか、いろいろ苦しいことも起きるけど、まあ、人生楽しんでこいや、って」

それから、彼はライブをこなし続けて、借金を完済したという。もっとも、彼がそれだけの稼ぐ力をもっていたからできたことだが、彼に、もし孤独で過ごした一週間がなかったら、とても、こううまい具合にはいかなかっただろう。

彼の場合は「人生は映画だ。自分のいまはふられた役だ」と思うことだったが、あなたも窮地《きゅうち》に陥ったら、人に相談したり、バタバタするのではなく、徹底して孤独な時間を味わってみるといい。自分なりの「悟り」がきっと開けるはず。孤独の力はすごいものなのである。

「一人旅」に出よう

「一人旅をしたいか」と聞くと、七六・二％の人が「してみたい」と答えるそうだ。（JTBのアンケート調査）。それでいて、実際に一人旅をする人は、たったの六・二％にすぎない。この落差はいったい何なのか。

いざとなると、旅館の予約が大変だとか、面倒になってやめてしまうのだろう。旅というのは段取りが大切だから、未体験ゾーンのことには誰しも躊躇《ちゅうちょ》がある。それを克服する意味で、私がぜひおすすめしたいのは、「一人旅」のために企画されたツアーへの参加ということだ。

いま大手の旅行会社は、一人でも気軽に参加できる国内外のツアープランを用意している。料金も「一人だから割り高」ということはない。一泊二日で小遣いを含めて二、三万円あれば十分だ。バスなら一万円を切った値段でも行ける。また、女性だけの一人旅ツアーというものもある。

メニューに事欠かないから、本格的な一人旅の練習のつもりで参加してみるといい。思わぬメリットがあるはずだ。ふつうのツアーに参加すると、友だちや家族連れなどがいて肩身の狭い思いをする。一人旅ツアーなら、そんな気兼ねはいっさい無用だ。

取材も兼ねて、初めて一人旅のバスツアーに参加した家族持ちの中年編集者の話によると、思いのほかストレス解消になったという。

「隣り合わせた人との車中の会話が最高でしたね。知っている者同士だったら、うっかりしたことは言えませんが、相手とは初対面ですからね。知らない者同士の強みで、思いっ切り愚痴や文句を言い合って……日頃の鬱憤《うっぷん》を晴らしてきました」

彼から「おひとりさま限定」の定期刊行カタログというのを見せてもらったが、その充実ぶりに驚かされた。割安料金のバスツアーから航空機利用の離島の旅まで、いまや国内だけでなく、海外にも通常の旅と遜色《そんしょく》のない一人旅ができるのだ。

一人旅をしたい理由について、先のアンケート調査では「リラックスしたい」

（三一・四％）、「自分を見つめ直したい」（一四・七％）、「ストレスを発散したい」（一一・九％）となっているが、実際に行動しなくては単なる願望で終わってしまう。ツアー企画がこれだけ充実しているのだから、行かないのは損である。

だが、本格的な一人旅も忘れないでもらいたい。本格的な一人旅の場合は、二つのパターンが考えられる。一つめは「自分なりのテーマをもった旅」である。たとえば解剖学者の養老孟司さんは、趣味の昆虫採集が旅のテーマだ。

もう一つは、私が得意にしている「ブラリ一人旅」である。目的や計画をもたないで、気ままに出かける旅。「贅沢な……」といわれそうだが、サラリーマンだって、出張の機会を利用すればできるはずだ。

かりに、一泊二日の日程で北海道へ出張を命じられたら、土日をからめるなり、もう一日休暇をとるなりして滞在を延ばし、ブラリ旅をやってみればいい。いまのサラリーマンは休日も多いし、有給休暇も余っているはず。その気にさえなれば、一人旅のチャンスはあるはずだ。

西洋では、旅とは一人旅のことだという。日本は集団行動が得意と思っていたら、日本も江戸時代までは一人旅が基本だったらしい。昔の旅籠《はたご》の仕様がそうなのだ。となれば、一人旅をしないのは、「旅をしないことに等しい」のではないか。一度きりの人生で、それはもったいないことではないか。

旅は「ひとり」を味わう手段である

こう言っていたのは、長野県上田市で、「上松屋旅館」という旅館を経営している倉沢《くらさわ》章《あきら》さんである。この言葉、名言ではないだろうか。

いまでこそ、一人旅は常識になって、ツアーも企画され、それこそ日本国内どこへでも、旅行会社頼みでも行けるようになったが、それを可能にしたのは、日本旅館でも受け入れ態勢ができたことが大きいと思う。

ホテルは一人でも泊まりやすいが、日本旅館となると、以前はちょっと敷居が高かった。男でも女でも一人で旅館へ泊まろうとすると、何か「わけあり」に思われかねなかった。戦後の高度成長時代、旅館は団体客であふれ返っていたのでなおさらそうだった。

そんな時代に、いち早く「これからは一人旅の時代だ」と察知して、自分の旅館で一人客を積極的に受け入れる試みを始めたのが倉沢さんなのである。そんな彼が言う。「理想は、うちのお客さまが全部一人旅でいっぱいになること」

しかし、私たちが「旅館に一人で泊まるのはどうも……」と考えていたのは、どうやら間違いであったらしい。戦前でも、日本の旅館は一人客で成り立っていた。旅館業の家に生まれた倉沢さんは、そのことを思い出して、一人客の受け入れを思いついたのだそうだ。

「当時はふつうのお客様がひとり客であり、とくにひとり旅という呼び名は使っていなかったようだ。その証拠に、客室のそばの運び膳（広蓋《ひろぶた》）で盛り付けられていたお料理は、二人分以上の記憶がほとんどない」

それから倉沢さんは、自分で実際に一人旅を実践して、あちこち泊まり歩いて勉強していったそうだ。ヨーロッパの温泉地にまで出かけている。そうやって得た知識を生かしたのだという。

とくに私が感心したのは、彼自身が、一人旅の楽しみを綴《つづ》った次の文章である。

「ひとりで旅館を探し、夕食をいただき、お風呂に入って、好きな本を読んで、高いびきで寝て、朝湯、朝食を楽しんだ。すべてがなんともマイペースで快適だった」

短いこの文章の中に一人旅の悦楽が込められている。

戦前の昔だけではない。江戸時代の旅も一人旅がふつうだったという。時代劇の旅籠のシーンで、よく「相部屋でよろしいですか」と聞いている。それだけ一人旅が多かったということだ。

昔は一人旅で成り立っていた旅館に、いつの間にか定員稼働率という言葉が生まれた。営業効率を考えるものさしとして二人で一セットが一般化したのは戦後だ。これは時代の要請でもあったのだろうが、いまはやっと元の姿に戻りはじめたのだ。

「旅館に一人で泊まるのは敷居が高い」というのは過去のこと。いまは一人客が歓迎される時代になっている。どんどん一人旅をして、旅の醍醐《だいご》味《み》を味わいながら、自分の生き方を考えてみるのもいいのではないか。

「人はそれぞれの旅をする。旅において真に自由な人は、人生において真に自由な

人である。人生そのものが、実は旅なのである」(三木清)

松尾芭蕉の『奥の細道』ではないが「……日々旅にして旅を栖《すみか》とす」もいいではないか。

4章

男の孤独力と女の孤独力

独身だからできることがある

男も女も、独身のときはカッコよかったのが、結婚するとパッとしなくなる例がよく見られる。「所帯やつれ」という言葉があるが、そこまでいかなくても、とくに男の場合、おしゃれ度も品性でもレベルダウンするのは否めない。

いままでは、それでもよかった。男も女も、自分を磨く主目的が配偶者探しにあったからだ。だが、その姿勢はもう通用しない。なぜなら、これからは男女とも、おしゃれを含めて、自分磨きは一生必要だからだ。

といって、結婚してしまうと、とくに男は緊張感がなくなる。もちろん、女房以外の女にもモテたい気持ちはあるが、既婚という制約もあって、独身時代とは力の入れようが違ってくる。

これは仕方のないことだろう。そこで私がすすめたいのは、モチベーションの高い独身時代に、「独身だからできること」をがっちりやっておくことだ。とくに二十代、三十代の若いうちは、「一流の男のふるまい」を知る努力をするといい。

会社帰りの一杯も、会社の同僚と安酒ばかり飲んでいないで、彼女を連れて行けるようなしゃれたバーやレストラン、寿司屋などを探しておく。最初は勝手が違って恥をかいたり、お金もかかるだろうが、それこそ独身だからできることだ。できれば、そのうちの何軒かは常連扱いされるようにしておきたい。

これは、そう簡単にできることではない。やはり目標をもって計画を立て、そういうことがごくふつうにやれている先輩などを見習うといい。最初は先輩に頼んで連れて行ってもらうのがコツである。

一流のバーやレストランなどの常連になるというのは、単にそのことに価値があるのではない。そこへ至るプロセスが、一流人との交際ノウハウや人脈の拡大につながってくるからだ。

「独身貴族」という言葉もあるように、お金も時間も自由になる独身時代は人間磨きの絶好の機会である。

欧米では、ビジネス以外にもいろいろな理由をつけた大小のパーティーが頻繁に開かれ、独身者はそこへ参加することで、それぞれの階層の社交術を身につけていくものだが、日本社会ではそこまで奥の深い社交の場がない。

だから、一流校を出たエリートでも、世間知らずの人間が少なくない。日本でもかつて超一流企業などは、その辺を心得ていて、自社の人間には新人のうちから、一流対応の社交術を教え込んでいた。

だが、いまは大半の企業にそんな余裕はない。だから、日本のビジネスマンは、かなり優秀な人間でも、欧米の同レベルと比べたとき、社交面では見劣りしてしまうのだ。

いくつになってもよいパートナーと出会うために、あるいはアバンチュールを楽しむためには、独身のときはどの世代であっても、自分磨きを怠らないことだ。

「ひとり社会」とは一人暮らしが増えるだけの社会ではない。男女とも「ひとり」が増えるということは、新しい結びつきの機会が増えるということである。チャンスではないか。

女の強さ、恐るべし

「思ったほど寂しくないものね」

夫を亡くし、一人暮らしになった女性が、「自分のいま」を友人から聞かれてこう答えた。一方で妻に先立たれて、どうしていいかわからず、自殺まで考える男がいる。やはり女性のほうが孤独に強いから、長生きできるのだろう。

なぜ、女性は孤独に強いのか。理由は以下の三つが考えられる。

①些事《さじ》を楽しめる
②うわさ話が好き
③手足をよく動かす

まず、「些事を楽しめる」というのは、家事をしている影響が大きいと思う。女性は洗濯物が真っ白になるとか、安売りで大根がいっぱい買えたというようなことでも、大喜びできる才能をもっている。

「人生を幸福にするためには、日常の些事を愛さなければならぬ」と言ったのは芥川龍之介だが、女性はそれができるのだ。これは大きい要素だと思う。

次に「うわさ話が好き」というのは、好奇心が旺盛ということだ。たとえば「AKBの誰がどうの」「海老蔵がどうした」などという話は私など何の興味もないが、女性はそんな話題で、近所の人たちと一時間でも話ができる。

「手足をよく動かす」も家事がらみで身につけたことだ。家事というのはやってみればわかるが、実にこまごまとした体の各所を使う。いくら便利になっても、サラリーマン男性の仕事とは違った筋肉の動きをする。

また、買い物などでよく歩くのも大きい。家事をよく手伝う若い編集者から聞いたところによると、家事というのはまじめにやれば、スポーツジムのトレーニングに匹敵する運動量だという。

人間が孤独感を抱くのは、だいたいが暇なときだ。誰にも邪魔されない環境に置かれると、いろいろと頭で考えはじめ、そこから孤独感もわき出てくる。だが、家にいて家事にいそしむ主婦は、一人でじっと考えるようなことが少ない。ライフスタイルそのものが、そんなふうにできているのだ。

また、女性の気質も孤独には強い一面をもっている。それは、女性が現実主義者であること。たとえば「子育てが終わったら、別々に生きましょう」と提案した四十代主婦がいるという。それを聞いて私はちょっと驚いた。男には、そういう感覚はまずない。

目下、家庭内別居中の六十代主婦はこんな発言もしている。

「早く一人になりたい。でも、別れるつもりもない。絶対に損だから」

ある意味、恐ろしいセリフである。男というのは別れたいと思うと、損得勘定などできなくなるところがある。だが、現実主義の女性は、きちんと計算ができるのである。

「女を本当に引きずる力は、現実的な力で、女は根底的な現実家である」（坂口安吾）

男と女の違いは、現実家と夢想家の違い。「ひとり」が現実なら、女性はそれに見合った生き方モードにスイッチを切り替えることができる。そして「孤独」が一人暮らしに不利だと思えば、それを考えずにいることができるのだ。

アンケートによれば、女性では高齢になるほど「寂しい」という人は少なくなるそうだ。また「日常が楽しい」といえる人は、「孤独死しても満足」の割合が高くなるという。

異性の友だちが満たしてくれるもの

男女ともに異性の友だちが必要だ。

一人暮らしを充実させる切り札は「異性の友だちが多いこと」と言っている人がいる。ベストセラー『おひとりさまの老後』（法研）の著者で知られる社会学者の上野千鶴子さんである。

「経験的に見て、『この人は幸せな楽しい老後を送っていらっしゃるな』と思う男性たちには、ひとつ共通点があります。それは、妻がいてもいなくても、女性の友人が多いことです」（『ほんとうの時代』二〇〇八年五月号　ＰＨＰ研究所）

私も折りあるごとに、男女を問わず、異性の友人をもちなさいということを述べてきた。一口に女性の友だちといっても、いろいろなパターンがある。深いつきあいはセフレ（セックスフレンド）の関係だろう。奥さんがいる場合はちょっと問題だが、一人暮らしになれば、何の問題もない。

だが、上野さんが指摘するのは、必ずしもそういう深い関係の友だちばかりを意味していない。むしろ、そういう深い関係ではなく、たまに一緒に酒を飲んだり、食事をしながら、四方山話《よもやまばなし》に花を咲かせる女友だちをもてということだ。

あるいは一人暮らしをしていて、ふっと孤独を感じたようなとき、電話をかけて長話ができるとか、同性同士では話しにくい問題、満たされない話題というものもある。

男性だけでなく、女性のほうにも同じような気持ちがある。仲良しの同性の友だちがいくらいても、そういう間柄でも話せないこと、話しても満たされないことが必ずある。男女とも、いまさら恋愛関係にはなりたくないが、やはり異性と接触するひとときが欲しい——そういう欲求を誰でももっている。

これは何か。異性と接することによる「ときめき感」が大きいのだろう。同性と一緒のときは、男も女性を意識することがなく、それこそあけすけな話ができる。それはそれで楽しいが、そこに「ときめき」はない。

年を重ねれば、性的な能力は衰えてくるが、異性への思慕とかときめきの感覚は、年齢に関係なく持続する。男がよく言う「戦意はあるが戦力がない」というのは、そんな事情を物語っているといえよう。

「男の性欲なんて腹が減ったのと同じこと」というのは若い人の感覚で、それはまだ浅い感覚である。川端康成の晩年の傑作『片腕』という小説は、老人が若い芸妓《げいぎ》の片腕を一晩借りるという話である。ここには、いくつになっても女性にときめいていたいという男のエロスが反映している。エロスとは「自分に欠けたものを得たい」という欲求のことだが、これは男女に共通する感覚で、年齢とは関係がない。

作曲家チャイコフスキーは、母親思慕の強い性格で、現実の結婚では妻の体に触れられなかった。といって男性の恋人がいたわけではない。それどころか、彼にはパトロンの貴族夫人とのつきあいがあった。

だが、このつきあいくらい奇妙なものはなかった。一度も二人きりで会ったこともなく、手紙のやり取りだけ。それが生涯続いた。「そんなつきあいなら、しなければいいのに」という人は、エロスがわかっていない。二人はそれで十分に「ときめいていた」のである。

男も女も、年に関係なく「ときめき」を求める。つまり、異性の友だちを必要とするのである。

どのような人が「孤立」した人生を送るのか

ある新聞の人生相談欄に、以下のような相談が載っていた。

「六十代で独身の男性。機会があれば結婚したいと思っています。少し前、そうしてもよいと思える三十代の女性が現れました。出会いは私が参加したハイキングでのことです。歩きはじめてすぐに私は風景写真を撮りはじめ、遅れてしまったところ声をかけてきました」

その女性はハイキングを企画したクラブの会員で、案内人の一人だった。以後、彼女が全行程の三分の一ほど、自分一人につきあってくれたことで、男性は彼女にかなりの好感をもった。

「来シーズンにハイキングに行ったとき、また会いたいとの旨の手紙を出したところ、『楽しみにしている』と返事が来ました。私はこれまで、女性から声をかけられたことはなく、声をかけても逃げられた経験しかありません。それなのに、男にもてないとは思えない女性が、六十男に声をかけてくるとはどういうことか。喜び半分、疑い半分で考えてしまいます。女性の意図について、善意悪意両面から教えてください」

内容を読んで「ダメだ、こりゃ」と思った。回答者も同じ思いだったらしく、概略こんな要旨の回答をしていた。

「彼女は案内人なのですから、淋しそうにしている人に優しく接するのも、『次を楽しみにしている』と返事をくれるのも、仕事の範囲内でしょう。気になるなら『今度二人きりで会いたい』くらいの誘い方をしてみれば……断られたら断られたで、すっきりするんじゃないですか」

このタイプの男性が孤立した人生を送る。なぜか。

わずかな文字数の文面からでもありありと読み取れるのは、彼が「与える側」ではなく、「与えてもらう側」の人間だということだ。きっと親から何でもしてもらって育ったに違いない。それでも、容姿がいいとか特別な能力や魅力をもっていればまだいいが、そうでなければ、はっきりいって大方の人から遠ざけられて当然だろう。他人から見て、何の魅力も感じられないからだ。

結婚したいと思いながら、いつまでたっても相手を見つけられないタイプには、「他人に与える」という発想に乏しい人が多い。そういう人に限って、たまに自分から行動すると性急に反対給付、つまり相手にも「与えること」を求め、相手がそうしないとなじったりする。集団から孤立するのも、こういう人たちである。

性格が寂しがり屋で孤独が好きではないなら、これからの「ひとり社会」では、つねに「与える側」の人間であるよう心がけることだ。こういうと、「自分にはこれといって与えるものがない」と言うかもしれない。

そういう人に私はこう答える。「他人に与えるものをもたない人はいない。あなたに決定的に欠けているのは『与えよう』という気持ちなのだ」と。金はないかもしれない。社会的な力もないかもしれない。あるいは、ほかのもろもろのことも、何もたないのかもしれない。それでも与えるものはいくらでもある。

話相手になってやることも、励ましの言葉をかけることも、感謝の気持ちを表すことも、笑顔も、親切も——大切なことは、まず自分からしてあげることである。

「孤独になるのがイヤだな」と思う人は、どんなときでも「人に与える側の人間であろう」と努めることだ。

「結婚」を勘違いしていないか

最近は、「結婚相談所」の広告を目にすることが多い。広告を打つからには商売として採算がとれる自信があるに違いない。それだけ結婚相談所のお世話になる人が増えているのだろう。

「婚活」という言葉も「就活」並みに定着している。

そもそも就活という言葉からして好きでない私は、婚活にもずっと違和感を感じていたが、やっと「わが意を得たり」と思える発言をしている人を見つけた。

「恋愛から結婚への過程は千差万別、それを他人に用意されたパッケージで、リスクを取らず最小限の労力で済まそうなんて、信じられません。クロゼットの洋服を選ぶ感覚で結婚相手を決める発想は、勘違いだよ、と言いたい」

これは東京工業大学名誉教授・橋爪大三郎氏（社会学）の意見である。私もこの意見とほぼ同じ感覚をもっている。

もしも現代を舞台に、人生をやり直せるなら、私は仕事をバリバリやりながら、独身生活を満喫したい。

いま三十～六十歳の未婚男性は約六百六十八万人、四人に一人が生涯未婚といわれている（二〇一〇年　国勢調査）。私だったら、独身貴族の優雅な生活を存分に味わった末に、最晩年に気に入った女性と結婚する。どんな生き方をするかは個人の自由だが、婚活がバカらしいと思うのは、交渉術として下の下だと思うからだ。足元を見られるに決まっているではないか。

結婚相談所の広告では、「最大のメリットは数多くの良質な出会いの実現。理想の相手に出会える確率が高まる」としている。本当にそうであってくれればけっこうな話だが、仕組みとしては、会員が結婚相談所に貢いでいるというのが実態だろう。

結婚相談所に依頼するのは、ふだんの生活で「結婚につながる出会いがないから」と言うが、たしかにそういうこともあるかもしれない。

昔は、親戚にそんな人間がいると、仲人の役割を果たす人間が必ず一人や二人、現れたものだ。あるいは近所の人が気にかけていて、縁談をもってきてくれたもの。核家族化と地域社会の衰退で、そういうことがなくなった代わりに、結婚相談所が繁盛しているというわけだ。

結婚相談所のほかに、もう一つ有力な出会いの場になっているのが、婚活合コンだ。合コンにも私は一言いいたい。ある町で役場主催の婚活合コンが開かれた。昔の言葉でいえば、集団見合いである。

気になったのは参加費の男女格差である。男子六千円、女子千円。これだけ男女平等がやかましくいわれ、トイレの区別にまで文句をつける「男女共同参画社会」活動家が、なぜこの格差に文句をつけないのか。

「女性が参加しやすく」といえば、いかにも女性優遇のようだが、別の見方をすれば、それだけ女性の参加者が少ないということでもある。こんな格差を設けなければならないところに、そもそも婚活合コンの不自然さがある。

結婚するもしないも、いまはまったくの自由。しなくても後ろ指をさされないし、失敗して離婚しても誰も変に思わない。結婚しないで子どもが生まれても、誰も驚かない。こんな自由な、いい時代に何を考えているのか。結婚したい人は自分で見つけるべきだ。

どんな夫婦でもうまくいく魔法の言葉がある

一人暮らしを「寂しい」という側面でばかり見ていると、真実を見誤る。世の中には「一人になりたくて、なりたくて……」という人もけっこういるからだ。

そりが合わず離婚したいのに、相手が応じないからできない夫や妻、あるいは夫が定年を迎え、夫婦で過ごす時間が増えた熟年夫婦などなど。いずれは「ひとり」になれるにしても、平均寿命がここまで延びると、いまの状態が十年、二十年も続くかもしれない――そう考えただけでウンザリすることもあるだろう。

この悪循環から脱するのに役立ちそうなのが、「既婚シングル」という言葉である。この言葉を最初に言い出したのは、サイコセラピストのキャリアをもつマリッジ・カウンセラーの近藤《こんどう》裕《ひろし》さんである。近藤さんは著書『「既婚シングル」の時代――新しい夫婦像を探る』（ＰＨＰ研究所）で、その条件として、二つのレシピを披露している。
①定期的に家事などの役割を交換する
②双方が趣味など別々のネットワークをもつ
私がかねてから提唱してきた「ひとり遊び」も、この範疇《はんちゅう》でとらえることができる。

孤独を恐れながらも、人間には「一人欲」というものがある。どんなに好きな人とでも、長時間ベッタリしていると飽きてくるものだ。

昔と違って、いまは女性も自分で働いて食べていけるから、恋人ができても簡単に結婚には踏み込まない。一人でいたいという未練から結婚を躊躇する人もいる。結婚年齢の高齢化、未婚率上昇の原因は、こんなところにもあるのだろう。しかし、熟年夫婦の場合は、もう取り返しがつかないから、結果的には家庭内離婚のような状態になる。仲良く見えている夫婦が実は、というケースは想像以上に多いような気がする。

そんな状態で第二の人生を送っていいわけはない。といって離婚すれば、それまでの日々を全否定するようで、これもそう簡単には踏み切れない。こういうジレンマに陥った夫婦に、「既婚シングル」という言葉は、勇気を与えてくれる。

結婚すると、よくもわるくも、間違いなく失うのが「シングル感」である。よい場合は「もう一人ではない」という責任感や自覚につながる。わるい場合は「これで勝手気ままはできなくなったな」という自由喪失感。人間は、ないものねだりが常なのだ。

「既婚シングル」は、この失ったシングル感を取り戻させてくれる点でも微妙である。人間は不思議なもので、言葉一つで気持ちが一変する。たとえば、長年何かともめていた夫婦が「離婚」で一致、条件交渉に入る。すると、つきものが落ちたようにスッキリして、顔を見るのもイヤだった相手が妙に魅力的に見えてくる。

実際に別居離婚中の夫婦が、久しぶりに法律事務所で顔を合わせたら、お互いにほれ直してしまったという話を聞いたことがある。

「そうか、私は既婚だけどシングルなんだ」

「俺は妻帯者だが、シングルでもある」

こう思えば、その発想も行動もシングルにふさわしいものになる。気持ちに余裕ができる。そうなれば、少なくとも家庭内離婚状態は解消するのではないか。離婚するなら別だが、そこまで踏み切れない夫婦は、自分たちが「既婚シングルなのだ」という意識をもつようにすればいい。

そして一人行動のすすめである。そこから新しい展開が生まれてくるかもしれない。この言葉は、夫婦がうまくやっていく新しい魔法の言葉ではないか。

熟年夫婦は「ひとり遊び」のクセをつけなさい

夫婦間でも「ひとり」は大切なことだ。

若いうちは一緒でもいい。子育ての時期も家族中心になるだろう。しかし、熟年夫婦になったら、少し距離を置くようにしたい。

夫が定年を迎え、家にいることが多くなると、妻の機嫌がわるくなるとよくいわれる。夫が仕事に行っている間、自由に使えた時間がなくなって妻にストレスがたまるからだ。

夫のほうだって、定年後しばらくは妻のそばにいるのもいいかもしれないが、四六時中顔を突き合わせていれば、うっとうしい気分になってくる。それでは、せっかくの第二の人生をお互いが楽しめない。

だからといって、一つ屋根の下で暮らす夫婦は、そう簡単に一人にはなれない。

そんな夫婦が適当な距離を保つには、お互い「ひとり遊び」をすればいいのだ。

こういうと「夫婦でわざわざ別々に?」と疑問に感じる人もいるだろう。

だが、よく考えてみてほしい。いま夫婦一緒にやっていることで、「二人でなければできない」ことがどれだけあるか。ほとんどないはずだ。

旅行、趣味、習い事から散歩にいたるまで、一人でもできることばかり。それを、夫婦だからという「つながり」でやっているにすぎない。なかには夫婦一緒に行動するために、どちらかが無理をしているケースだってあるはずだ。

お互いに別々の行動を認め合えば、妻は友人たちと旅行に行きやすくなるし、夫も自分の仲間とゴルフに行きやすくなる。

「ひとり遊び」を基本にしたほうが、遊びの幅が広がり、心も充実してくる。そして、たまに「ふたり遊び」をすれば、中身が濃くなって、かえって夫婦仲もよくなるだろう。

「夫婦がいつも一緒にいないことが長続きの秘訣」と白洲次郎も言っている。事実、正子夫人との生活はそういうスタイルだった。

要するに夫も妻も、本音は「ひとり時間」をできるだけ多くもちたいと思っている。この内心の願望にお互いが素直に従えばいいのだ。

そのほうが夫婦仲は、はるかにうまくいく。そのうえ、「ひとり」慣れしてくるから、将来、一人暮らしの身の上になっても、落ち込みが少なくてすむ。かえって、いつもベッタリの夫婦の場合は、いま述べたことと違う側面が待っている。

いずれ、どちらかが先に逝って一人暮らしになったとき、残された者がショックで精神的にボロボロになってしまうケースが少なくないのだ。

そんな男性が、テレビに出ていた。妻の突然の死に耐えられず、自殺を考えるほど重症のうつ病になってしまったという。過保護に育てられた子どもが、母親離れできないのと同じである。

何十年もベッタリつきあってきたら、そうなるのも無理はない。どんなに仲がよくても、ある程度は「ひとり」に慣れておく必要がある。そのためには、やはり「ひとり遊び」をするのがいちばんだ。

「われわれの悩みはすべて、ひとりでいられないことからもたらされる」

ラ・ブリュイエール（フランスの作家）のこの言葉を肝に銘じよう。

「孤独力」は理想的な夫婦仲のあり方にも役立つのである。

秘密があるほうが、いい夫婦になれる

「芝浜」という落語をご存じだろうか。

飲んだくれの魚売りの亭主が、ようやく働く気になったので、女房が早朝たたき起こして河岸へ行かせる。だが、女房が時刻を間違えて早く出してしまったため河岸は開いておらず、亭主は家に戻ってくる。話は、その途中で亭主が拾った革財布をネタに展開する。財布を開けてみると四十二両の大金が入っていた。亭主はご機嫌になって大酒をくらい寝てしまう。ところが、目覚めると、女房は財布を拾ったことを「夢だ」と言い張る。

亭主は夢と信じ込まされ、以後、酒を断ちまじめに働いて生活も安定する。頃合いを見て女房は財布を出し「実は夢といったのは嘘だった。あんたをだましたから、ぶつなり蹴るなり、好きにしていい」と秘密をばらす。だが、亭主は女房の嘘

に感謝する。そこで女房は亭主に久し振りの酒をすすめる。しばらく考えて亭主は口を開く。

「やめとこう。また夢になったら大変だ」

真実は、亭主が寝ている間に女房が大家に相談し、持ちつけない大金で身を滅ぼしては一大事と、しかるべきところへきちんと届け出て、持ち主不明で戻ってきた財布。そのまま女房がへそくってもかまわないのに、女房は亭主に真相を話した。はたして、この秘密はどうすべきだったか。落語は丸く収まるのだから、女房がばらして正解だったが、実際には女房は相当の期間、亭主に秘密をもっていたことになる。そして秘密にしたことが、この家庭の平和と繁栄につながった。

夫婦の間には「秘密があってはいけない」という考え方もあるだろうが、夫婦はお互いに秘密があってもいいと私は思う。秘密とは何も相手に知られて不都合なものばかりではない。亭主にいちいち報告しない事柄があってもいい、ということだ。

「私も家内も相手の行動を制約することなく、二〇%か三〇%は、お互いに干渉されない時間や空間をもちながら、暮らしてきました。相手の価値観や趣味を十分に尊重したフリーゾーンを設けることで、ひとりの愉しみ方を知り、尊敬し合える関係になれるのです」

夫婦和合の秘訣について、元ＮＨＫアナウンサーの山川静夫氏は言っている。私もこの考え方に賛成だ。ともすれば「秘密なんかないのがいい夫婦」と思いがちだが、何でもかんでも「二人で一緒」というクセがついてしまうと、一人暮らしがうまくできなくなる恐れがある。

いかに仲良し夫婦であっても、夫と妻は生まれも育ちも違っている。それぞれに固有の考え方もあり、楽しみ方も違う。いつでも何でも一緒では、双方とも共通項で我慢することになり、本当に一人の楽しみ方を学べない。それでは先へいって困ることになる。

面白いアンケート調査がある。二十代から五十代の男女に「あなたの手帳には他人に見られて困る秘密があるか」と聞いたものだ。その結果、約九八％の人が「ある」と答えている（「手帳に関する意識と実態調査２０１０」高橋書店）。

一人の楽しみというのは秘密と深く関わっている。それは著しく個人的な事柄だからだ。もしも秘密らしき秘密をもたない人がいたら、その人は一人の楽しみを知らないと断言していい。そういう人は、一人暮らしがひどくつらくなるはず。相手がこちらに全幅の信頼を置いていると感じられるとき、自分が秘密をもつことに「後ろめたさ」を感じるかもしれない。

しかし、その心配は無用だ。秘密とは「バレない限りは秘密ではない」から。一人を楽しむ訓練のためにも、夫婦の間でもお互いに秘密はもってもいいのである。

男同士の旅もわるくない

新幹線や空港ロビーなどで、定年後とおぼしき男性数人が、ゴルフや釣りの格好で、楽しげに連れ立っている姿を見かけることがある。

それを見ると、ちょっとうらやましい気がする。屈託なく友だちと遊び回った子ども時代をふと思い出すからだ。実際、彼らはそんな気分でいるに違いない。

一昔前だったら、いい年をしたオッサン同士が、何かのついでならまだしも、純粋に遊びでつるむ姿というのは、見た目のいい光景ではなかった。だが、いまはツアーの観光旅行にも、そういう男性たちが見受けられる。

一人旅もいいが、男同士というのもわるくない。ただし、これには一つ条件がある。男同士の場合は、最初から最後まで、「男同士」を貫くことだ。女が一人でも交じると、次元が変わったものになってしまう。まあ、そうなったらなったで、別の楽しみ方をすればいいだろう。

それはそれとして、たとえば趣味を同じくする男同士のテーマ旅行というのも、ありだろう。釣りやゴルフ旅行はそういう旅だ。最近は行楽地のホテルなどが、団体ばかりでなく小グループの客も歓迎してくれるから、仲のよい友だちが近くにいるなら、誘ってこまめに出かけてみるといい。

何といっても、余裕をもってお金を使えるのは、リタイア世代である。胸を張って繰り出してかまわない。外国人観光客頼みの情けない観光地へのささやかな支援にもなるではないか。

男同士の旅や遊びをすすめるのは、これからの「ひとり社会」への準備の第一歩にもなるからだ。「夫婦でもひとり遊びをしなさい」といっても、仲良し夫婦の場合は、なかなか踏み切れないだろう。

現役のとき、妻をほったらかしにしていた償いの意味も込めて、定年後は妻と温泉巡りをしたい——こんなプランをもつ夫たちは少なくない。その心意気はすばらしい。だが、ふつうだったら、二、三回行ったら飽きがくる。

飽きないで続けられれば、夫婦仲良しでけっこうなようだが、先にも述べたように、あまりにも夫婦ベッタリは、先へいってつらい目に遭う芽を育てることになりかねない。下手に宝くじに当たるのと一緒だ。

熟年夫婦は一緒の行動をほどほどにして、一定の距離を置くクセをつけておかなくてはいけない。男同士、女同士の旅は、そのきっかけづくりになる。

気をつけるのは、お互いの相手の行動に文句をつけないこと。妻は「また、釣りに行くの」などと夫の行動に批判がましいことを言ってはならない。

夫は夫で、出かける前に「俺の飯はどうなってるんだ」なんて聞いてはいけない。「俺のことはいいから、楽しんできなさい」と、留守番役に徹するのだ。

こういう生活を続けていると、自然にいい距離が保てるようになる。

話し上手になるにはコツがある

六十代の男性が、小学校の同窓会に行った。子どもの頃は目立たない存在だったのに、その日はとくに女性からモテモテだったという。彼は別に出世したわけでも、金持ちになったわけでもない。ただ、みんな彼の話を聞きたがったのだ。

話し上手というのは、この例からもわかるように、「ひとり社会」を生きていくうえできわめて有力な武器になるものである。

営業の世界や人間関係論では、「聞き上手の効用」がよく指摘される。

「人の話をよく聞いてあげなさい。聞いてあげれば、人はみんなあなたに好意をもつようになるでしょう」

たしかにそうだが、「ひとり社会」をうまく生きていくには、それだけでは足りない。これから必要になるのは発信力だからだ。

発信力がないと忘れ去られる。だから、聞くのもいいが、「しゃべり力」も身につけておかなければならない。

どうやってしゃべり力を身につけるか。別に流暢《りゅうちょう》な会話ができる必要はない。いちばん大切なのは、どれだけ新鮮な情報や知識、解釈を相手に提供できるかだ。

本人によれば同窓会でモテまくった男は、しゃべりはそれほどうまいわけではない。ただ、新聞を隅から隅までよく読んでいて、いろいろなことを知っている。また、自分の頭で考えるクセがついているから、世間の常識通りの解釈をしない。みんな、それに新鮮さを感じたのだろう。

しゃべりで人を引きつける三要素がある。「エーッ」と驚かせるか、「へェー」と感心させるか、「なぜ？」と好奇心をくすぐることだ。

当たり前のことを、当たり前にしゃべっても、誰も魅力を感じない。いまは、情報化が進んだ社会だから、たいがいのことは誰でも知っている。だが、その知っていることを「実はね……」というかたちで、新しい解釈をしてみせれば、「へェー」ということになる。

また、ちょっと常識外れの見方をしてみれば、「エーッ」と驚くか、「なぜ？」と興味をもつ。

人がやらない解釈をしてみせるのがうまいのは、北野武さんである。

誰でも知っていることでも、彼がしゃべると、まるで別の事柄のように、面白く感じられる。みんなが聞きたがって寄ってくるようなしゃべり方を身につけたければ、彼を研究してみるのもいい。

彼のトークの特徴は「たとえがうまい」ということだ。ただし、あのようなトークが通じるのは、四方山話をする場合であって、特定の個人やグループで、テーマをもって話をする場合は、また別である。

その辺の使い分けも知っておかなくてはならない。たとえば、人から悩みの相談をもちかけられたときなどは、ひとまずよく聞いてあげて、相手が望んでいるようなアドバイスをしてあげることだ。

人は「自分が聞きたい」と思っているような内容の話しか、真剣に聞かないものである。ときには苦言を呈することもあるだろうが、最後は肯定的に話を締めるのが肝心。このことも知っておくといい。人が「聞きたい」と思っていることを、実にうまく表現して人気者になっているのが橋下徹《はしもととおる》前大阪市長である。その主張に同意するかどうかは別問題として、彼のトークも研究に値するだろう。

ともあれ、これからは話し上手が絶対に得をする時代なのである。

男女関係はやっぱり楽しい

国の統計調査によると、二〇三五年には、全世帯に占める一人暮らし（単身世帯）の割合が、全世帯の約四割に達することが、国立社会保障・人口問題研究所の将来推計で明らかになった。

日本の全国世帯総数は二〇一〇年で五一八四万世帯だが、二〇〇五年には四九〇六万世帯だった。未婚率増加の中での世帯数の増加は、一人暮らしが増えたことを意味している。一世帯あたりの人数も二・五六人から二・四七人に減少した。

単身世帯数は二〇一〇年の一六七八万世帯（約三二・四％）から、二〇三五年には一八四六万世帯（約三七・二％）と推計されている。この時点で「夫婦と子ども」の標準世帯を上回り、一人暮らしが多数派になる。

いよいよ文字通りの「おひとりさま社会」が目前に迫っているわけだが、この現実をどうとらえるか。全体に暗いイメージでとらえる人が多いようだが、私はそう悲観したものではないと思っている。

むしろ、以前と比べたら、人生をどう生きるかの選択肢が増えて、自分好みの生き方ができるのではないか。ただ一ついえることは「男女関係が変わってくる」ということだと思う。

どう変わるのか。いままでは「年頃になったら結婚して家庭を築く」というのがスタンダードな生き方だった。ほかの生き方、たとえば母子家庭、父子家庭、同棲などは、例外として扱われていた。

以前に比べれば、結婚以外のどんなかたちであれ、世間的な認知度は格段に上がって生きやすくなったが、たとえば同棲婚で生まれた子どもが非嫡出子であるなど、法律的な面では不利な点が厳然としてある。

このことは価値観にも影響する。今後はそうした点が解決されていくだろう。フランスでは「パックス」という制度を設けることで、同棲を結婚とほぼ同等に扱っている。共同生活を営みながら、結婚まで踏み切れない男女でも、子どもを産みやすくなり、その結果、少子化問題の改善に大きく寄与した。

日本も今後は、そういう方向へ向かっていくはずである。そうなれば、全世代を通じて自由に恋愛し、気が合うなら結婚し、いやになれば別れる、ということが気兼ねなくできるようになる。

男女の自由な生き方の最大のネックは子どもの問題だった。「結婚はしたくないが子どもは欲しい」、あるいは「別れたいが子どもがいるため別れられない」ということが、フランスのような制度を導入すれば格段に緩和される。

次の課題としては、性同一性障害の社会的認知、代理母問題、同性結婚などが浮上してくるが、これらも世界的には認める方向へ進んでいるから、日本も早晩そうなっていくだろう。現実に性同一性障害への認知度は格段に上がっている。つまり男女とも、どの世代であれ、「独身」でも後ろ指をさされない社会になるだろう。

同時に高齢になるまで独身を貫いてきた人が最晩年に結婚するとか、配偶者に死別した男女が、最晩年に老年再婚するケースも珍しくなくなる。こんなふうにすべてが許されるのは、しがらみのない「ひとり社会」だからこそだ。

「シングル女性」という新しい生き方

一人暮らしが増えているのは日本だけではない。アメリカ女性のシングル割合は五一％を超え、すでに日本の四二％を上回っている。この数字はアメリカ国勢調査局が発表したもので、二〇〇五年の実績数字が基礎になっている。

この事実は、日本では意外に知られていないのではないか。データはちょっと古いが、いまはもっとシングル化が進んでいるに違いない。要するにアメリカでは、女性の二人に一人が「一人暮らし」ということになる。ここからはっきり見えてくるのは、夫婦そろって一つ屋根の下に住むという家族の最小単位がスタンダードではなくなったということ。なぜ、このような社会になったのか。理由は大きく二つある。一つは高齢化による影響だ。

平均寿命が延びて高齢者が増えれば、当然どちらかが先へ逝くことになるから、一人暮らしが増えることになる。死別によるシングル女性の割合は一一%である。この数字は男性の九%をやや上回る。

しかし、アメリカのシングル女性急増の理由は、何といっても未婚女性が増えたことが大きい。先の統計によれば、未婚女性は全体の二五%である。十五歳以上のアメリカ女性の四人に一人は未婚なのである。

なぜ、こんなことになったのか。一九六〇年代から始まった女性解放運動によって、女性の社会進出が進み、それまでに夫に依存していた女性の自立が始まった。女性の経済的自立は結婚に踏み切るハードルを高くする。その結果である。

日本も一九八六年の男女雇用機会均等法施行によって、アメリカと同じような現象が起きた。この流れは止められないから、日本もこれからアメリカの数字近くにまではなるだろう。いままで女性のシングルは、否定的に見られることが多かったのだから、それがなくなったことは喜ばしい。しかし、この傾向がそのまま進んでいくかというと、どこかで歯止めがかかるはずだ。

日本女性の非婚率は一四%くらいだから、まだ伸びるだろうが、その先は抑制されるに違いない。いくらシングル志向が増えても、結婚という制度がなくなるとは思えないからだ。

おそらくアメリカ並みの半分くらいが限界だろうが、はたして日本がそこまでいくか、その場合、フランスのように非婚カップルによる出生を、既婚と同じに扱う法改正は必要になってくるだろう。それを実行しないと少子化問題はますます深刻化する。

要するに、世界の先進諸国では、結婚制度というものが揺らいでいる。たしかに、これまでの結婚制度は、男性に都合のいいようにつくられていたから、いまのような変化は必然的なものである。しかし、過ぎたるは及ばざるがごとしで、どんなことでも反転というものが起きる。すでに日本では、結婚願望、主婦願望の女性が最近は増えつつある。イクメンが登場する一方で、原点回帰の動きも見られるのだ。

三十四年間の結婚生活の末に離婚した五十九歳のアメリカ女性が、ある男性から結婚を申し込まれて断った。そのときの彼女のセリフは次のようなものだった。

「私自身であることをいま始めたばかりなの。それを奪わないで！」

アメリカではこのセリフ、前向きに受け取られているというが、日本で数年前に起きた熟年離婚ブームと根っこは一緒。何か底が浅い。日本もアメリカも、これからは原点回帰の時代に入るに違いない。そんな気がする。

「ひとりで生きる」ということ

以前と比べて、男も女も「ひとりで生きる」ことが、生活環境も含め、ずっとやりやすくなっている。そのことにどこまで気づいているか。

昔は、一人身になるのは、結婚できないか、離婚か、あるいは夫や妻との死別などが主だったが、いまは一人身そのものが公認されている時代だ。

適齢期になっても「適当な相手がいない」といえば、周りも一応納得してくれるし、離婚しても「バツイチ、バツニ」などと平気で言い合える。

二十代で結婚しないで、そのまま三十代、四十代になっても一人のまま、それでいて生活設計はきちんと立てている人も少なくない。なかには頭金を貯めて、ローンを払いながら、マンション暮らしをしている三十代、四十代女性もいる。

彼女たちは寂しいと思えば、ペットを飼うなど「ひとりの工夫」をしている。

「結婚する相手がいなければ、それはそれでいい」と割り切っているのだ。

また、三十代を過ぎても、とくに婚活するでもなく、そのまま四十代、五十代に突入していく男女も少なくない。男女とも恋愛相手、あるいは「セフレ」がいても、結婚まではちょっと踏み出せないのだ。昔は、そういう間柄でも、無理して結婚に踏み切る者が少なくなかった。世間体を考えたからだ。いまは一人暮らしが、周囲から白い目で見られなくなったことが何より大きい。

そのうえ一人でいても、いまは生活に何の不自由もない。このことも一人暮らしの増加に拍車をかけている。スーパーやコンビニに行けば、何でも売っているうえ、食事はレンジでチンすれば、いつでも温かいものが食べられる。

「コンビニやスーパーが私の冷蔵庫代わりよ」と言って、家ではほとんど食事の支度をしない独身女性もいる。むしろいまは若い独身男性のほうが、料理などにはマメなのかもしれない。

こうやって、一人暮らしに慣れている男女のほうが、夫や妻と死別して一人暮らしになった高齢者よりも、はるかに上手に生活しているといえる。

定年後、すべて妻に頼り切っていた夫が妻と死別、あるいは離婚されると、一人暮らしに戸惑いを覚えるはず。

一人暮らしで大切なのは友だちづくりだが、長く独身を続けている人間は、これにも慣れている。一人身の友だちづくりは、あまりベタベタしないで、一定の距離を置くほうがいい。深いつきあいをすると、こじれやすくなり厄介だからだ。

一人身が長いと、それを経験的に学ぶ。逆に夫婦で暮らしてきて一人身になると、このコツがわからずに、つらい目やひどい裏切りに遭ったりする。

こう見てくると、これからの「ひとり社会」では、ずっと一人身できた人間よりも、配偶者の死別や離婚で一人身になった人間、なかでも男の一人身が、より大変になるということだ。その枠に入りそうな人は、いまから心して備えておいたほうがいい。

そのためには会社の人間とばかりつるんで、バーはおろか、昼食も居酒屋も一人では行けないなどという情けないことは避けたい。いまから「孤独力」を磨いておくことだ。

5章

男は「品格」をもって生きる

「孤独」は知恵の最善の乳母である

最近、世代を問わず、よく使われるようになった言葉に「元気をもらった」とか「仲間がいる」という言い方がある。この言葉遣いに、私は何となく違和感を覚える。元気など他人からもらわなくても、自分自身で出せばいいではないか。また、仲間がいるのは、まっとうな社会人であれば当然のこと。ことさら言うことではないだろう。

「孤独は知恵の最善の乳母である」

ドイツの思想家シュティルネルの言葉である。人は先輩や友人たちと接することで、さまざまな刺激を受け、一人では得られない知識や情報を得たり、思考力を磨いたりする。

だが現代は、そういうかたちでのインプットはもう十分すぎるほどある。むしろ、いま必要なのは、「ひとりで過ごす時間」のほうだ。一人で過ごすことは、ときに寂しさがつきまとうが、その寂しさが火つけ役になって、人の心を静かに燃やしてくれるからだ。

ハイポニカ農法というのをご存じだろうか。一本のトマトの苗から一万二千個のトマトを作った実績をもつ画期的農法だ。この農法の最大のポイントは、土を使わない水耕栽培にある。この農法が証明したのは、恐るべき常識の転換だった。

私たちは長い間、大地（土壌）が植物を育むものと思ってきた。だが、水耕栽培が一万二千個のトマトを実らせるということは、土壌は植物を育むよりも、むしろ阻害要因になっている、ということだったからだ。

トマトは自らもつ潜在能力の偉大さにもかかわらず、土壌の中ではその万分の一も発揮できていない。これと同じことが、いま人間の身にも起きているのではないか。私たちも、トマトの苗と同じ高い潜在能力をもっているはず。それが発揮できないのは、植物における土壌のような阻害要因の中で生きているからではないのか。

絶え間なく入ってくる情報や、頭の中にインプットされた膨大な知識が、人間にとってはトマトの土壌のようなものだ。では、人間にとって、トマトを実らせた水耕栽培に該当するものは何か。それが「ひとり」ということだと思う。

情報や知識を得ることを、私たちは自分の生き方のプラスになると思っているが、実際は潜在能力を発揮させるのを妨げている――こんなふうに考えてみることも、決してムダではないと思う。

なぜかといえば、パソコンで仕事をし、ケータイで連絡を取り合うようになって、情報、知識の収集と、コミュニケーションのあり方は飛躍的に濃密になったが、それでいて私たちが進歩、進化した形跡があまりない。それに関しては誠に心もとない気がする。

それどころか、何か大きな間違いの方向へ人間は踏み出してしまった――そんなふうに感じるのは私だけではないだろう。

東京スカイツリーが完成したが、あれはいまの時代を象徴するモニュメントでもある。人々はその周りに集まってきては、空を見上げて誇らしげに喜んでいる。個人としての感慨はともかく、その光景を見るたびにバベルの塔を思い出す。伝説によれば、ノアの洪水のあと、古代バビロニアで、人々は「天まで届け」とばかり、とてつもなく高い塔を築きはじめた。その態度に人間のおごりを見た神は大いに怒って、それまで一つだった人々の言葉を混乱させた。いまの多言語、多民族の人類社会はこうして始まった――。

「人間はいつまでたっても、少しも進歩しないな」。そんなことをふと考えるのも、決まって「ひとり」のときなのは、なぜなのだろうか。

一流の男は、まず「品格」をもちなさい

男として一人で生きるには、品格が大切だ。そうでないと、まともな人間として相手にされない。ずっと一人で生きてきた人は、そのことをよく心得ているが、連れ合いに先立たれたり、離婚して一人になった「にわかひとり」は、意外にそのことに気がつかないで失敗する。

たとえば奥さんが亡くなって、男やもめになる。近所の奥さんが回覧板を持ってくる。こういうとき、男は以前と同じ調子でぶっきらぼうに受け取ったりする。すると、たちまち近所から疎外される。だが男は、それに少しも気づかない。その調子で長年やってきて、何の問題も起きなかったのは、「うちの亭主は無愛想で……でも悪気はないんですよ。ごめんなさいね」などと、奥さんがちゃんとフォローしてくれていたからだ。

だが、一人になれば、そうはいかない。自分の全人格をかけて、隣近所とも接しなければならないのである。そのとき問われるのが品性であり品格でもある。品格とは一言でいえば、その人の「素の値打ち」のことである。素の値打ちは、表に現れにくいだろうと高をくくる人がいる。人は誰でも、いろいろなかたちで装っているからだ。

端的にいえば、女性は化粧をし、服装を整え、言葉遣い、立ち居振る舞いに気を使うことで、「こうありたい自分」を装う。男にも似たところはあるが、男はそれに加えて社会的地位とか名誉のようなものも装いとして使う。

だが、品格というものは、そういうものといっさいかかわりなく、その人からにじみ出るものだ。素の人間の姿でもある。見る人が見れば、それは一目でわかる。また、それほど見る目がない人間でも、感覚の鋭い人は「何となく」というかたちでそれを察知する。

だから、ごまかしが利かない。一人で生きるには、このことを肝に銘じておく必要がある。そうでないと、気がついたときには誰からも相手にされない、寂しい境遇の人間になってしまう。

名文家で知られる作家の三島由紀夫が、あるときこう質問された。「文章を書くにあたって、いちばん気をつけておられるのは何ですか」。彼は即座にこう答えた。「格調と気品です」。これは文章に限らない。人間にとって、いちばん大切なのはこれなのだ。

では、どうやって品格を保てばよいか。あるいはどうすれば、品格を醸《かも》し出すことができるのか。心の中に、まがい物ではない高い志をもつことだ。いちばんいいのは生きる目標をもつことだと思う。いくつになっても、目標をもって生きていれば、自ずと品格を保てるものだ。

現役を引退し、あとは余生を楽しむだけという身分になったら、「高い目標など、なかなかもちにくい」と思うかもしれない。だが、そんなことはない。たとえば先ごろ亡くなられた医師の日野原重明さんの白寿のときの目標をご存じか。

それは「十年後、日本の基地から米軍は全面撤退してもらうこと」である。ちょっと意外な感じがしなくもない。けれども、志の高い目標とは、こういうものでいい。いや、こういう目標がいいのだ。

日野原さんはこの目標のために、オバマ大統領（当時）宛に手紙を書いた。そして、こう言っていた。

「この目標実現を見届けるために、あと十年生きなければならない。だから節制している」

高い目標をもつことが、自ずと高い品格を保つことに通じる。

情報を断ち、潔く捨て、人から離れる

少し前のことになるが、「断捨離《だんしゃり》」という言葉が話題になった。モノの整理に使われた言葉で「断《た》って」「捨てて」「離れる」ということだが、現代人にいまいちばん必要なのは気持ちのうえでのことなのかもしれない。とくに「ひとり」に強くなるには、この三つを実行することだろう。

情報を断ち、もっているものを潔く捨て、人から離れてみる。そうすると、必然的に「ひとり」の孤独を味わうことになるが、そこからいままで味わえなかった新しい人生の楽しみ方が見えてくる。

断捨離は、現代の逆転の発想だ。現代人が行っているのは、すべて断捨離の反対のことだからだ。インターネットとケータイがそういう世の中をつくった。だが、いまは常識をすべて逆に考えてみる必要があるだろう。

重い病に侵された人がヨガの修行を始めた。

「気分はどうかね」

師からそう聞かれて、彼はこう答えた。

「よくありません」

すると、師はこうたしなめた。

「体が病だからといって、心まで病にすることはない。体の調子が悪くても、気分はどうかと聞かれたら、『ハイ爽快です』とにっこり笑って答えよ」

ヨガ行者の中村天風《なかむらてんぷう》氏が、インドの奥地で修行していた頃のエピソードである。

ヨガの修行で病から回復した天風氏は、帰国してプラス思考の成功理論を編み出し、多くの熱狂的な支持者を得たことで知られる。

あるとき弟子の一人が聞いた。

「先生はいつもニコニコして怒ったのを見たことがありません。先生には怒るということはないのですか」

「そんなことはない。私だって人間だもの、腹の立つこともあるさ」

「では腹が立ったとき、どうされるのですか」

「怒りは精神的な毒物だから、いつまでももっていると体にわるい。だから捨てるのだ」

「どうやって？」

「腹が立ったら、最初は三日間で捨て、次に二日間、そして一日と、だんだん短くしていき、最後は怒ると同時に捨てるように練習すればよい。それができれば、第三者には怒っていないように見えるのだ」

私たちも、できるだけこの精神をもつようにしたい。孤独でいると、とかくマイナス思考に陥りがちになるからだ。一人で生きるにあたって、ぜひ身につけたいのがプラス思考。これがうまくできないと、一人はつらくなる。それだけではない。考え方が肉体に及んで、体もおかしくなる。体がおかしくなると、精神にもよくない影響を与え、悪循環に陥ることになる。プラス思考を身につけることができればそうはならない。

「孤独者はこの世で最も強い人間になる」

ノルウェーの劇作家イプセンの言葉だが、天風氏の達した境地はその極みだったに違いない。お釈迦様だって、一人で瞑想《めいそう》して悟りを開かれたのだ。みんな一人になって悟る。座禅もそうだ。孤独は人を成長させるというのは確かである。

友とのつきあいにも一流と二流がある

一人暮らしで大切なのは友だちづきあいである。

これがうまくいくか、いかないかで、充実度が大きく違ってくる。うまくいけば「一人もいいものだ」と思える。うまくいかないと、いっそう孤独感が増したり、あるいは思わぬトラブルに巻き込まれる。

では、うまくつきあうにはどうしたらいいか。一人暮らしの友だちづきあいは、それまでの友だちづきあいとは少し違ってくる。そのポイントは大きく分けて二つある。

第一に挙げられるのは、「友だちをやたらと人に紹介しないこと」。ふつうの友人関係では、友だちをほかの友だちに紹介するということがよくある。それによって人間関係が広がっていく。紹介の仕方にはあと一工夫必要だが、基本は友だちの輪を広げていくのがいい。だが、一人暮らしになったら、逆にそれを控えめにする。ある人と友人関係になったら、二人だけの関係にとどめておく。実際の友だちづきあいは、何も密会ではないから、二人でいるときに第三者が介在したりして自然に広がっていくものだが、それはそれとして、自分の意識としてはセーブする感覚をもつことだ。

なぜかというと、下手に友だちの輪を広げると、一人暮らしのペースが乱される恐れがあるからだ。一人暮らしの基本は「ひとり時間」をどう充実させるかにある。はじめは孤独感でつらかったのが、だんだん慣れてくると楽しめるようになる。

だが、友だちを紹介して輪を広げるようなことを続けていると、せっかく自分が築いた「ひとり」の時間や空間を他人に邪魔されかねない。それを防ごうとすれば、今度はトラブルを招く。たまに振り回されるのは日々の刺激にもなるが、「友だちの友だちは、また友だちだ」という考え方は、二流の考え方だ。一人暮らしになったら控えたほうがいい。

第二は「他人への思い込みをなくす」ことである。誰でも他人に対しては、「こういう人だ」という一定の「人物像」をもっている。それはつきあいを通じてもつようになることもあれば、勝手に思うこともある。それを極力、もたないようにするのだ。

もたないでどうするか。目の前の当人が「すべて」と思ってつきあえばいい。たとえ評判のわるい人でも、いま自分の目の前でよい人なら、それに見合ったつきあいをする。わるければ、それ相応のつきあい方をする。

「あなたにとって理想の友人関係とは？」というアンケート調査の結果がある（東京ガス都市生活研究所調べ　二〇〇九年　二千二百人男女　複数回答）。

1位「楽しい事を一緒に行う」
2位「お互いに干渉し過ぎない」
3位「悩みを相談し合える」
4位「つかず離れずの一定の距離を置く」
5位「何事も本気で話し合える」

これが多くの人が考える「理想の友人関係」だ。

だが、現実はこうはなってはいない。だから理想でもある。つまり、一人暮らしになった身では、大切にするものの優先順位が違ってくることを心得るべきだ。一人になったら、自分の時間や生活空間になるべく他人が入ってこないようにしておいたほうがいい。

そのためには「やたらと友だちを紹介しない」「思い込みをなくす」をきっちり守ること。要するに、一人暮らしの友人関係は「つかず離れず」がもっとも心地よい距離感なのである。

高齢者を子ども扱いにするな

日本社会には、高齢者を「子ども扱い」するわるいクセがある。

寝たきりの高齢者に食事を食べさせるとき、「はい、アーンして」などというシーンを見ると、本当に腹立たしくなる。悪気はないのだろうが、人生の先輩に対する尊敬の念に欠けていると思う。高齢者のほうもよくない。一つの知恵なのだろうが、必要以上に甘えようとする。老人ホームで行われていることと、幼稚園や保育園で行われていることが、よく似ているのは何とかならないものか。

自宅で元気に一人暮らしている高齢者も例外ではない。一人をいいことに、なりすまし詐欺はもとより手の込んだ詐欺は増える一方だ。

振り込め詐欺にだまされるのも、悪質リフォーム業者に引っかかるのも、高齢者が圧倒的に多い。極めつきは結婚詐欺。言葉巧みに近づいて、いかにも結婚しそうな素振りを見せて金を巻き上げる。お年寄りをだますというのは、昔からあったことだが、これから「ひとり社会」になれば、ますます不埒《ふらち》な輩が増えてくるだろう。これにどんな対応策があるか。高齢者自身が自覚するしかないと思う。

銀行のＡＴＭの前で、扱い方がわからないで困っている高齢者をよく見かける。銀行によっては、係員がいて親切丁寧に教えているが、そういう親切さはかえって仇になっていないか。

考えてもみよ。その場で教えれば、次に来たときも一人でできるようになるか。なりっこない。また同じことの繰り返しだ。私にいわせれば、ＡＴＭをきちんと扱えない者は、利用するべきではないのだ。銀行の窓口に行ったほうがいい。ものを知らないで振り込め詐欺に遭う人には、「自己責任」ということをはっきりいってやらなくてはいけない。

警視庁のデータによれば、二〇一二年の刑法犯認知件数は約十五万件。十年連続して減少しており、振り込め詐欺の件数も減ってはいるが、全体ではまだなくなる気配はない。ひと頃、ＡＴＭの前に警官まで動員していたが、たいした効果もなかったということだ。

だまし、だまされは世の常。それをなくすことはできない。高齢者がだましやすいとなれば、ターゲットにされるのは当たり前。問題なのは、いま日本の高齢者に「だまされて恥ずかしい」という気持ちが乏しいことである。ものを知らない子どもが大人にだまされるのは仕方がない。だが、長年、人生を生き抜いてきた高齢者が、いとも簡単にだまされてしまうのは、恥ずかしい限りではないか。

年をとれば体は弱くなる。しかし、頭（脳）は体と同じペースで弱ってくるわけではない。頭の衰えはずっと遅れてくるのだ。当人の自覚次第で、うまくいけば頭が衰える前に寿命が尽きる。

さらに、頭は使えば使うほど衰えない。自分が年をとったからといって、肉体的能力以外のことで引け目を感じる必要はまったくないのだ。昔、「長老」という存在が確固として社会に君臨できたのは、こういう事情があったからである。

いまも少しも変わっていないのだから、むしろ若い者に人生を教えるくらいの気概をもってほしい。これからの「ひとり社会」では、年をとればとるほど強くあらねばならない。

「その年齢の知恵をもたない者は、その年齢のすべての困苦をもつ」（ヴォルテール／フランスの思想家）

中高年は、この言葉を肝に銘じたい。他人事ではないのだ。

若者よ、他人の目など気にするな

仕事一辺倒で突っ走ってきた団塊世代の男は、プライベートな生活で女房依存型が多く、これからの「ひとり社会」を生き抜くのに気がかりな面がある。

そこへいくと、いまの若者は意外に孤独に強いようだ。二十〜四十代の男女約千人を対象に、辻大介大阪大学准教授が行った意識調査によれば、「一人で部屋にいたり、食事したりするのは耐えられない」と答えた者は、わずか一六％にすぎなかった。

ところが、「周りから友だちがいないように見られるのは耐えられない」という回答では、二十〜二十四歳で四三％に達し、ほかの世代よりも高い割合を示した。若者たちが怖れているのは、一人でいることではなく、他人からの視線評価なのである。

あえて言う。友だちなんか、いてもいなくてもいい。だが、「あいつは友だちがいない」と思われたくない、と考える人間がとにかく多い。これはいったいどういう神経なのか。いわゆる「KY」という言葉が流行語になった理由がわかるようだ。

その根底にあるのが、「みんなと一緒の自分でありたい」という集団への帰属に対する強いこだわりなのだろう。だから、何かするときは「つねに他人の目を意識し」、友だちと意見が食い違ったら「相手に話を合わせる」、友だちからのメールには「すぐに返信する」ということになる。

人目を気にするというのは、いまに始まったことではない。多くの日本人に特徴的なメンタリティで、高度成長時代は、「人並みに車くらい持っていないと」「その年代になったらせめて課長くらいになっていないと」というかたちで表現されていた。

しかし、それはあくまでステータスへの欲求であって、一人で食事をするとか、友だちがいないことを過剰に気にすることはなかった。むしろ、一人で飯を食べ、友だちがいなくても、人より先にマイホームを持つことのほうが重要だった。

これはたぶん、まだ貧しかったからなのだろう。他人との差異に気を配る以前に、物質欲を満足させることが優先していたのだ。それをモチベーションにして、みんな懸命に働き、出世競争をした。

その時代に比べれば、いまの若者には競争意識が希薄である。競争すれば自ずと結果が出て、勝ち負けがはっきりする。昔はその勝ち負けが再挑戦のエネルギーになったが、いまは「あいつは負けたんだ」と思われたくない一心で、競争に参加しない。

他人の目とはいったい何なのか。そのバカらしさを見事に言い当てていたのが、宗教評論家のひろさちや氏だ。

「わたしたちはなかなか主体性が発揮できません。テレビで放映されると、みんなが行列を作ってその店に並ぶ。わたしの住んでいるマンションの筋向いの小さなラーメン屋にも毎日行列が出来ます」

この現象に対する氏の感想は、きっと次のようなものだろう。

「バカじゃないだろうか。テレビが『うまい』と言ったって、自分の舌に合うかどうかわからんじゃないか。なぜ自分の舌を信用しないのか！」

一方で、氏はそんな若者を「手間ひまかけて一杯のラーメンを楽しもうというのはリッチな証拠」とも言っている。まったくその通りだ。だが、氏も指摘していることだが、主体性のなさだけは如何《いかん》ともしがたい。

若者よ、他人の目など気にするな。もっと主体性をもってほしい。

シェアハウスという「ひとり感覚」もある

昔の人のつながりは血縁が起点だった。まず家族があって、そこから縁戚関係が生まれるというかたちでつながっていった。だが、最近は、この人間関係の原形が大きく変わろうとしている。

まず目立つ変化として挙げられるのは、親子の関係である。韓国などでは、いまだに親子の絆が強固なようだが、日本では次第に希薄になりつつある。「老後の面倒を子に見てもらおうと思わない」という親が増えている。

その代わり、老人ホームなどで、老人同士のヨコのつながりが強くなってきている。入居者同士が支え合って生きる、そんな共同住宅風の施設があちこちに誕生している。似たことは若者の間でも起きている。

「シェアハウス」というのがそうだ。見ず知らずの人たちが、部屋数の多い一戸建てや広めのマンションを共同で借りて住む。キッチン、バス、トイレは共同、部屋はそれぞれ個人が持つという生活。一昔前なら考えられなかったライフスタイルである。人間の結びつきが、血縁を起点とするタテの関係から、ヨコの関係に変化してきているのだ。これは経済的に見てもよい傾向だと私は思う。

ただ、そうなればなるほど、「ひとり感覚」が大切になってくる。先に述べたように人には三態がある。他人とつながっている自分、外に顔を向けている自分のほかに、内に顔を向けている自分がある。

相手がいま「どの自分でいるか」を察知しないと、共同生活は営めない。自分は酒を飲みながら話がしたくても、相手はそれを望んでいないかもしれない。そういうことが直感でわかるには、「ひとり感覚」が不可欠なのだ。

血縁による絆は、強制とわがままが通用する世界である。上に立つ者は、相手を強制できる。「親のいうことだから聞け」と言えるのだ。その代わり、相手のわがままも聞いてやらなければならなくなる。

タテが機軸の人間関係は安定度が高いが、窮屈でもある。戦後の核家族化は、このタテの人間関係を壊した。それに付随する地域社会の人間関係も希薄になった。しかし、それだけでは、無縁社会になる。現実にそういう社会になってきている。

無縁社会そのものは、いまに始まったことではなく、タテの人間関係の枠からはみ出した人間は、それを味わわされたはずだ。そして、同じ境遇の仲間とヨコの人間関係をつくった。かつてはこういう人間たちは少数派だったが、それが広い階層で始まったというわけだ。

これからはタテのつながりよりも、ヨコのつながりのほうが広がっていくだろう。「ベタベタしない程度につきあう」というのがヨコのつながりの基本だ。こういう人間関係を保っていくには、「ひとり感覚」が不可欠なのである。

いまの若者は、あまりに他人に気を使いすぎだ。それが正しければいいが、どこか見当外れなのだ。だから気を使ったつもりでも相手は気分を損ねている。こういうことになるのも、「ひとり体験」に乏しいためである。根本的に他人がわかっていない。

他人がわからないのは、自分のことがよくわかっていないからだ。いたずらに人とのつながりばかり求めていないで、率先して孤独になる努力をしてみてはどうか。この感覚を磨くには、自らが進んで「ひとり体験」を積むしかない。

「一人暮らし」ができない理由

一人暮らしにはよい面とわるい面がある。他人に気兼ねしないで、自由にふるまえることはよい面だが、一方で緊張感を欠いて、怠け者になってしまうという大きなマイナス面を抱えている。

しなければならないことがあっても「今日でなくていいや」「明日は絶対にやる」と自分に言い聞かせながら、いつまでたってもやらない。ある女性は一人暮らしになったら激太りして愕然《がくぜん》としたという。それでも食べるのがやめられない。一人で暮らすようになると、これに類したことがたくさん起きてくる。

自分を甘やかさなければいいのだが、これがなかなかできない。では、どうしたらいいか。一つよい方法がある。それは、いちいち考えないでさっさと行動を始める習慣を身につけることだ。高齢の一人身にとって、これほど有益なことはない。

何も考えないで、いまできること、しなければならないこと、したほうがよいことを片っ端から片づけていく。人間は行動を始めると、リズムが出てきて、次から次へと行動できるようになる。

何かをしていると、別の行動はできないから、たとえば「食べすぎ」という行為が制御されることになる。いけないのは、怠け者になった自分を反省すること。反省というのは、頭が考えるだけで、実は何の意味もないのだが、意味があるように思わせる力が脳にあるので、結果的に間違った納得をしてしまうのである。

行動を習慣化するためには、二つのことが必要になる。

一つは行動のための簡単な自主ルールをつくることだ。たとえば「一日に一万歩を歩く」でもいい。万歩計を買ってきて、眠るとき以外は身につけておく。そうすれば、ふつうの生活でもけっこう歩いている。

ときどき、どのくらい歩いたかを見れば、「何か動かなければ」と思うようになる。一人身の生活はどうしても非活動的になりやすいから、行動に自分を駆り立てるよいモチベーションを与えてくれる。この程度の強制は自らに課す必要があるだろう。

自主ルールの二つ目は、「絶対に言い訳をしない」と心に誓うことである。たとえば「一日一万歩」を決めて初日からもうダメだったとする。生まじめな人はこういうとき、「ダメだなあ」と反省する。

これもよくないが、もっとよくないのは下手に言い訳することだ。「今日は寒かったし、雨が降ったのだから……」などと自分に言い訳をする。そんなことはしないで、ケロッとしていればいい。

人間は言い訳にかけては誰もが天才なのだ。言い訳を始めると、なぜか人間はどんどん怠け者になる。だから、何か一つ行動のための自主ルールを決めたら、同時に「言い訳はしない」というルールもつくらないとダメなのだ。

「行動というものは、つねに判断の停止と批判の中止とによって、初めて可能になる。もし資料が十分に出そろってから行動に移るべきだとしたら、私たちは永遠に行動できぬであろう」（福田恆存《ふくだつねあり》）

まったくその通りである。

ペットの飼い方にも品格がある

一人暮らしでペットを飼う人が増えているが、自分が高年齢なのに生まれたばかりの子犬や子猫を飼うのはどうかと思う。

自分が死んだとき、残されたペットはどうなるのか。飼ってくれる人がいなければ、殺処分されてしまう。そんなペットをかわいそうだと思わないのだろうか。

わが家も十七年生きていた犬が死んだあと、いくらペットが欲しくなっても、今度はこちらのほうが先かもしれないと思って、飼わないことに決めた。

犬でも猫でも、またほかの動物でも、命あるものだ。そのくらいのことは考えて飼うのが、動物に対する愛情というものだろう。

高齢者に限らない。最近は「ペット可」の賃貸住宅が増えてきて、独身の若い女性が犬や猫などを飼っているのをよく見かける。彼氏がいる独身女性でも家へ帰ったら一人。寂しくなってペットを飼う気持ちはわかる。だが、ペットが病気になったときの治療費などが、かなり高額になることを、彼女たちはどこまで知っているのだろうか。

私の知人の飼い犬が心筋梗塞《こうそく》になったとき、その治療にかかった費用は二十万円にもなったという。そこまでいかなくても、ちょっとした病気で動物病院へ連れて行くと、軽く一万円以上はかかる。そういうことを知ったうえで飼わなければいけない。

二〇一一年度の統計によれば、国内のペット飼育数は、犬猫合わせて二千百万匹を超えているという。無縁社会といわれるなか、ペットの果たす役割は以前にも増して大きくなっている。これからは老いも若きも一人暮らしが増加するから、ペットの飼育数も増えていくだろう。

昔のほうがペットを飼うのは楽だった。犬の散歩で糞《ふん》の処理はせずにすんだし、エサも人間さまの食べ残しで十分だった。いまは犬一匹飼うだけで、ペット用のエサや病気予防などの金銭的負担もバカにならない。

損保会社の調査によれば、犬一匹で年間約二十四万円、猫で十二万円の支出だという。ちなみに犬一匹が十五年生きると「三百八十万円かかる」というデータもある。相当の覚悟がなくては飼えない。

負担はそれだけではない。犬の場合は、役所に届けて狂犬病の予防接種をして鑑札をもらう必要がある。また、犬は吼《ほ》えることや嚙《か》みつく危険もあるから、近隣に迷惑がかからないよう、きっちりとしつける義務を飼い主は負う。

ただ、「かわいい」とか「寂しい」というだけで飼うのは無責任だ。犬の世界でも高齢化が進んでいて、高齢犬といわれる十歳以上の犬は、全体の二九％を占める。飼い犬の四匹に一匹は高齢犬ということになる。

たしかに、一人暮らしの高齢者にとって、ペットは寂しさを紛らわせる意味もあるから必要かもしれない。縁あって子犬を飼う機会に恵まれたら、費用がかかること、また高齢者なら自分が先へ逝くことも想定して、残された犬の身の振り方を考えておくべきだろう。

最近は動物愛護運動の高まりで、放置ペットの里親探しが充実してきた。インターネットのサイトなどを閲覧して、どうするかを決めておくといい。

ペットの扱いは、ペットの性格なども含めて、飼い主の品位を表すということ。よく「ペットは飼い主に似て、飼い主はペットに似てくる」というが、これは本当だと思う。

「飼い主の顔が見たい」などといわれるような育て方は、みっともないと心得ておくこと。

個人主義者・永井荷風の生き方ができるか

一人暮らしが急速に増える時代になって、改めて見直されているのが、文豪・永井荷風のライフスタイルである。たしかに、ほかに類例のない、くっきりとした一つの生き方を貫いた点で、荷風の生き方から現代人にも学ぶべきところがある。

びっくりしたのは、シングルライフを楽しむ二十〜四十代の女性からも、そんな荷風の生き方が興味をもたれていること。彼女たちの手によって、彼の生活ぶりをテーマにした「荷風のシングルライフ展」までが開催された。女好きだった荷風である。あの世で悦に入っていることだろう。

彼には三十代後半からつけはじめた『断腸亭日乗』と題する日記がある。そこに書かれた内容から、彼のシングルライフが知られることとなり、女性から注目されたらしい。

しかし、あの日記は他人に読まれることを想定して書かれており、相当でたらめも混じっているという。生活面のことはどうなのだろう。嘘はなかったのか。

晩年の彼は、日課のように浅草のストリップ劇場へ通い、踊り子たちに取り囲まれて過ごした。それでいて、踊り子の一人が、近くに来たからと彼の家を訪ねたら、会おうともせずに追い返したという。

「一口にいえば、とんでもない嫌な人でした」

かつて、温厚な文芸評論家の中村光夫氏にこう評されたような人物のどこが、いまの女性には魅力的なのか。彼のシングルライフは、晩年を別にすれば、かなり贅沢なものであったはずだ。

もともと由緒ある武家の出だ。父親は高級官僚。アメリカ、フランスに留学させてもらい、帰国して小説で名を上げてからは「偏奇館」と名づけた洋館に住んで、贅沢三昧《ざんまい》の暮らしをしていたことで知られる。

文学的業績を差し引いて、一人の人間として見たら、その行状《ぎょうじょう》はまったくの変人・奇人のそれである。変人・奇人のなかには、愛嬌《あいきょう》のある人物もいるが、荷風という人物にはそれもない。

他者に依存しない代わり、他者から依存されることも断固拒否する。金は借りもしないし、貸しもしない。徹底した個人主義者だった。彼の生活は、著名な作家で当時、印税もがっぽり入っていたからできたこと。とても市井《しせい》の一般人が憧れて真似るようなライフスタイルではないのだ。

彼の生活ぶりを垣間見ることができる一葉の写真がある。ボロ畳の部屋で、火鉢を横に立膝をついた荷風が写っているが、部屋の様子はゴミ屋敷さながらである。

荷風は戦後、文化勲章をもらった。しかし、業績のほとんどは戦前にあって、戦後はいくつかの短編を書いてはいるが「ロクなものはない」というのがもっぱらの評価。作家の石川淳がそのことをはっきりと指弾《しだん》している。

彼が亡くなったのは、昭和三十四年。その死に方は文字通りの「孤独死」だった。一人病臥《びょうが》に伏したまま、胃潰瘍《いかいよう》によって大量吐血死していたのだ。通いのお手伝いさんが死の翌日に発見した。万年床の上には、吐いた血に混じって、出前でとった地元の料理店のカツ丼の飯粒が散らばっていたという。このニュースが報じられたときのことを、私はいまも覚えている。

個人的な意見をいわせてもらえば、たしかに『濹東綺譚《ぼくとうきたん》』はすばらしい。だが、その著者とは、一時間もつきあいたくない。そのライフスタイルも、私は賛同できない。にもかかわらず、荷風の生き方に、どこか凜とした品格が漂っているのはどうしてなのか。

以前、日本在住歴三十年の生粋フランス人が書いた『シンプルに生きる』（ドミニック・ローホー著　幻冬舎）の惹句《じゃっく》にこうあった。

「私たちはなんてたくさんのものを抱えて生きているのだろう」

この惹句と荷風の生き方が、どこかで重なるのである。

6章

「孤独」が人生後半を愉しくする

死ぬまで自立した人生を送る

妻を亡くした夫は急速に衰えていく。夫を亡くした妻は、どんどん元気になっていく。よくそんなことがいわれる。実際にそういう例は多い。

「これは夫が退職などで生活が浮いてしまうのに対し、妻は家事などの生涯続ける仕事があってめげるわけにはいかないからだと思います」

こう言っているのは『シングル・ライフ』（中公文庫）の著書をもつ仏文学者の海老坂《えびさか》武《たけし》氏だ。私もそうだと思う。何かやることがないと人生はすぐに色あせる。仕事を生きがいにしてきた日本の多くの男は、退職すると、目標を見失ってしまうのだ。

ここに一つのヒントがある。一人でめげない自立した人生を送るためには、「目標」が不可欠ということである。

では、どうやって目標をつくるか。これが簡単なようで案外むずかしい。海老坂氏のように学者であれば、大学教授を退いても自身の研究や「もの書き」としてやっていけるが、ふつうはそうはいかない。

もっと働こうと仕事を探しても見つからないかもしれない。そんな情況で、どうやって目標を見つけるか。目標の見つけ方には三つのコツがある。

第一に「自分が好きになれること」が大切だ。自分で決めるのだから、嫌いなものを選ぶことは少ないと思うが、自分の性格や能力も考慮しながら、好きなことを自分の目標にすることだ。

第二に「世の中の役に立つもの」にすること。いくら好きでも、世の中のためにならないことというのは継続がむずかしい。世の中の役に立つことなら、他人の協力も得やすいし、自分に誇りをもつことができる。

第三に「自分を成長させるもの」であることだ。いくら好きでも自分をレベルダウンさせるようなものを人生の目標にしてはいけない。

以上、三つの点を考慮しながら目標をつくっていくといい。

目標をつくっていく過程で、複数になることもある。そのときは、あえて一つに絞り込むことはない。達成ということを考えれば、同時に二つはむずかしいかもしれないが、人生後半の目標は「あれもしたい、これもしたい」と欲張ったほうが元気が出る。

もう一つ、目標に関してとても大切なことが二つ残っている。一つはできた目標を必ず「可視化すること」だ。昨今、警察や検察の取り調べの際の可視化が問題になっているが、目標の可視化とは、具体的には「紙に書き出すこと」でいい。手帳に大書するとか、紙に書き出して壁など見えるところに貼っておくといい。

もう一つの大切なこと。それは「期限を区切ること」。どんな目標も、必ず何らかの到達点があるはず。その到達点にいつまでにたどり着くのか。それを決めておく。いくら目標をつくっても、なかなか行動を始められないのは、期限を決めないからである。

「老いは未来が少しずつ見えなくなること。だから僕は目標を立てて仕事をするようにしている」

前出の海老坂氏はそう述べている。いちばんいいのは生涯現役だが、それが無理になったとしても、生き続ける限りなんらかの目標を掲げるべきだ。

「人生でいちばん楽しいこと？　それは目標をもって、その達成に向けて努力することだ」

ギリシャの哲人タレースは言った。この言葉を信じようではないか。

「一人暮らし」は悪いものじゃない

「ひとり社会」を生き抜いていくには、孤独に強くなることだけでなく、まず一人暮らしの長所と短所を正しくとらえておく必要があるだろう。

まず短所から見ていこう。日本経済新聞が行ったアンケート調査によれば、短所は次のようなものだ。

①病気のとき看病してもらえない
②生活費の負担が大きい
③話し相手がいない

これは男女に共通する上位三項目だが、ほかに男は「家事に時間をとられる」、女は「防犯面に不安がある」が上位にくる。長所のほうは次の通りだ。

①時間が自由に使える

②お金が自由に使える

③親や配偶者に干渉されない（女）、趣味に打ち込める（男）

現実に一人暮らしを考えるときは、長所よりも短所のほうを重視したほうがいい。長所は恩恵だが、短所は現実の障害になるからだ。

短所で男女ともトップに挙げたのは、「病気のとき」だった。気持ちはよくわかる。病気はいつ襲ってくるかわからない。病気のときは、誰もが弱気になるから、その心細さは尋常《じんじょう》ではないだろう。しかし、いまはケータイがあるし、インターネットも使える。いざというときのことを想定して、連絡や通報の準備をしておけばいい。また、高齢者に関しては、この先、監視システムが充実するだろうから、環境はより改善されるはずだ。

「生活費」も、やや考えすぎなところがある。いまは一人仕様の商品がいくらでもあるから、そんなに負担にならないのではないか。「一人口は食えぬが二人口は食える」ということわざに縛られることはない。

「話し相手」というのも、考えようで解決できる。いまはパソコンを使えば、相手の顔を見ながら話ができるではないか。他人との関係を良好にしておけば、この問題もそう心配することはないように思われる。

こう見てくると、一人暮らしが敬遠されるのは、昔からいわれてきたことが固定観念になっている人が多いからだということがわかる。この先も、短所のほうはどんどん改善されていくだろうから、一人暮らしに必要以上の不安をもつのはやめたほうがいい。それよりも「いずれはひとり」と思い定めて、準備するのがこれからの生き方だ。

一人暮らしの短所に、いたずらに不安を感じるのではなく、一つひとつ解決していく作業をすればいい。解決する気になれば、いくらでも可能なことだ。

もう一つ指摘しておけば、「ひとり社会」になることによって、私たちは二つの選択肢をもったことになる。一人暮らしがしたければ、気兼ねなくできる。寂しければ、相手を見つければいい。どちらも世間に気を使わずにできるのだ。

いま「ひとり社会」は何となく暗いイメージで受け取られているようだが、そんなことはない。超長寿社会が生み出したこの社会は、むしろどんな生き方をしても誰からも咎《とが》められない自由な社会だ。先人たちが知ったらうらやましがるに違いない。

短所、長所と分けてはみたが、これはコインの表裏。よいわるいではなく、どちらを選ぶかの問題といえる。

人生後半を充実させる遊び方

定年退職して「これからは思いっ切り楽しむぞ」と張り切っていたのに、実際にその身分になってみると、少しも楽しめない。当てが外れたと感じている人は、少なからずいるはずだ。

ゴルフが大好きで「これからはゴルフ三昧で暮らす」と言っていた男が、浮かない顔をしている。聞いてみると「ゴルフ相手がいない」と言う。それはそうだろう。現役時代ならいざ知らず、一線を退けば遊んでくれる相手は限られてくる。

そんなこともわからないでいたのかと、あきれたことがある。私は四十代で独立してから、仕事だけでなく遊びもずいぶん楽しんできた。だから、遊びを楽しむ術《すべ》をいろいろ知っている。

定年後に遊びを充実させるコツの一つは、「ひとり遊び」の技を身につけることだ。他人がいなくても遊べるもの。たとえば映画を観る、コンサートへ行く、美術館へ行くというのも一つの方法だ。また、街をブラついて世情を観察する、などというのもいい。

しかし、そんな「ひとり遊び」だけでは満足できない人もいるだろう。人とワイワイ遊ぶのが好きな人は、どうしたらいいか。私の経験からいえば「好きな遊びはあきらめない」のがいい。これが大きなポイントといえる。

たとえば、こういう例がある。会社に勤めながら、社内の合唱団の指揮をしてきた人がいた。退職とともに合唱団との縁が切れてしまい、寂しくて仕方なかったが、「そういうものだ」とあきらめた。ほかに趣味もなかったので、地域のボランティアに参加した。そこで活動しているうちに、老人ホームで合唱団をつくるという話がもち上がった。彼は経験を買われて、いまでは平均年齢八十歳という老人混声合唱団の指揮と指導を務めている。

ゴルフ仲間がいないと嘆いた私の友人は、「もうゴルフをやめる」と言ったので、私は「何もやめることはない」と忠告した。いまはできなくても、あきらめないでいればチャンスは必ずある、と。その後、友人はゴルフ場へ一人で行って、三人プレーの仲間のところに入れてもらい、そこでゴルフの友人ができたそうだ。

世間ではよく「高齢になったら、一人でできることを趣味にしなさい」と言う。もちろんそれも必要だが、よほどのオタク体質でない限り、それだけでは不満足だろう。麻雀大好き人間は、やはり麻雀がしたい。

それならば、麻雀への思いを捨てることなく、ほかのことをやってみる。たとえば碁会所へ行ってみるのもいい。そういうつきあいのなかから、「実は麻雀も」という同好の士が見つかるものだ。あるいは、自分が麻雀よりも碁が好きになるかもしれない。

自分が好きなことは、好きなこととしてきっちりとっておく。そしていろいろな活動に参加してみるといい。いちばんいけないのは、それまでの人生の延長線上で物事を考え判断してしまうことだ。

他人を必要としない遊びをもつことも大切だが、自分が好きなことは、いまできないからと簡単にあきらめてはいけない。あきらめずにとっておけば、必ずチャンスは巡ってくるのだ。

私は「ひとり遊び」もよくするが、ゴルフも年に数回はしている。何となく、そういうチャンスが巡ってくるからだ。もしも、私が「もうゴルフはあきらめた」と決めてしまえば、そういうチャンスは絶対に巡ってこない。人間関係を狭くするだけだ。

老後生活に必要な資金を考える

老後生活にどれほどの資金が必要なのか――よく話題になることだが、即答できる人は少ないだろう。生活ぶりというのは、実に人さまざまで、変数の多い事柄だからだ。

生命保険関係の研究所が数年前に出したデータによると、「ゆとりある生活費」は夫婦二人で月三十七万円という。リタイア後の収入なしで考えると、年金だけでは無理だろうから、貯金を取り崩すことになる。かりに月二十五万円ずつ貯金を取り崩すとしたら、一年で二百四十万円、十年で二千四百万円、老後の人生はいま平均二十年だから、この数字だとざっと五千万円の貯金が必要ということになる。

まあ、これはかなり多めの金額だが、貯蓄プラス不動産で考えれば、このくらいの数字が平均的なのかもしれない。途中どちらかが亡くなり、かりに十年間の一人暮らしと考えると、出費は半減する。そうなると、貯金の取り崩しペースが落ちて、余裕が出てくることになる。一般に老後資金は二十年で三千万円程度といわれているが、これだと年間百五十万円ということになり、月に換算すると十二万五千円になる。だいたい年金プラス十万円強あれば、余裕のある一人暮らしができるのではないか。

ただし、これはサラリーマンを基準に考えた場合で、自営業で国民年金だけの人はまた事情が違ってくる。夫婦二人であれ、一人暮らしであれ、生活はかなり厳しくなってくるだろう。

老後の生活設計について考えるとき、「いくら必要か」という考え方はあまりしないほうがいいと思う。老後資金は何といっても「年金ベース」なのだから、「ある範囲内で暮らす」と考えるべきだ。ただ、私は老後生活をもう少し積極的に考えている。先にも述べたように、私は「死ぬまで働きなさい」がモットーだから、年金を基礎にして、ほかのプラスアルファをリアルタイムで稼ぐべきだと思っている。

六十代後半のある男性の話、リタイア後も働こうと思い、地元のある商店で面接を受けた。募集要項には「時給九百円」と書いてあったのに、面接で「試用期間十カ月は時給八百円」と言われた。

彼は「話が違う」と怒って帰ってきてしまった。商店がずるいのは認める。だが、ほかに働き口があるならいいが、当面そこしかないのなら、甘受《かんじゅ》して働くべきだと思う。何より優先させるべきは、「いまの収入」だ。

黙って働いて、別の働き口が見つかったら、さっさと辞めてそちらへ移ればいいではないか。この先、一人暮らしの生活設計は、想像以上に厳しい。また、いくつになっても、稼ぐ力を身につけておくことが大切だ。さらにいえば、働いていれば人間関係も自然に生まれてくる。

この男性は奥さんと二人暮らしだが、この調子で一人身になったら、けっこう苦労するのではないか。団塊世代にはこのタイプが少なくない。自分の生きてきた時代の価値観からなかなか抜けられないのだ。

「年寄はね、何でも自分の若い時の生計を覚えて居て、同年輩の今の若いものも、

万事自分のして来た通りにしなければならないように考える」（夏目漱石）

一人暮らしの生活設計は現実主義でいかなくてはならない。男性に比べて女性のほうが一人身に強いのは、女性のほうが現実的だからだ。いくつになっても男はどこか夢見がちなところがある。困ったものだ。

人生をマネジメントする発想をもつ

マネジメントとは「管理」「経営」という意味である。この言葉を、私たちはビジネスの世界でしか使わない傾向があるが、自分の人生をマネジメント発想で考えてみるのもよいのではないか。とくに男性はそのほうがいい。マネジメント発想なら、物事を客観的、合理的に見ていくことができる。なぜ、私が「男性」に限るかというと、一人暮らしの世の中で、このところ男性の孤立化が目立っているからだ。

六十五歳以上の高齢者は、二〇一四年九月現在で約三二九六万人となり、総人口に占める割合は過去最高の約二五・九％に達した。同様に一人暮らし世帯も急増している。

一人暮らしの高齢者が、ほかの世帯と比べて生活や健康面で多くの不安や心配を抱えていることは当然だが、なかでも男性は「友人との交際が少ない」「健康面ですぐれない」など女性よりも深刻な状態に置かれている。

そこで私がすすめたいのが、マネジメント発想なのだ。マネジメントといえば、経営学者のドラッカーである。現役時代に一度や二度、ドラッカーの本を手にした覚えはあるはずだ。あの頃を思い出して、経営的な観点から残りの人生を見てみるのだ。

経営でいちばん大切なのは何だったか。それは理念と経営計画だったはずだ。なかでも経営計画は絶対的に必要なものである。自社の将来のあるべき姿を想定し、一年後、三年後、五年後と計画を立てていく。それを細分化していけば、今日は何をするべきかまでわかってくる。

現役時代には、仕事でそれができた人が、リタイアして自分一人になってしまうと、その経験や知識を少しも生かそうとせず、腑抜《ふぬ》けのようになってしまう。とくに働くのをやめてしまった人にその傾向が強い。ドラッカーは何と言っていたか。「マネジメントの役割は組織としての仕事振りと成果を上げることである。それを実現するためには、手にする資源を活用しなければならない」

これは実人生にも適用できるアドバイスだと思う。人生は勝手に流れていくものではない。自分で意図して思い通りのかたちにもっていくことだ。その実現のためには、いま手にする資源を活用するしかない。ビジネスのときは、いろいろな不足があっても、条件が整わなくても、そのなかで計画実現に努力したのに、自分の人生となると「あれがない」「これが足りない」と条件ばかりつけて、真剣に取り組もうとしない。あなたは、そんな人生を送っていないだろうか。

戦後、私たち日本人が懸命に働いてきたのは、家族の幸福のためでもあるが、日本という国を平和で豊かな国にする、という気持ちもあったはずだ。そして、そういう国を私たちはつくった。長寿社会もその成果の一つである。

だが、長寿を実現していま多くの人は何を思っているか。「こんなはずじゃなかった」という思いではないか。なぜなら輝かしい成果の体現者であるはずの高齢者が、社会のお荷物のような存在になってしまったからである。

どこかで何かが間違った。だが、それはあまりに多様ですぐ指摘もできなければ、一朝一夕に解決もできない。それよりもいま必要なのは、高齢者自らが社会のお荷物にならないような生き方をすることだろう。

その鍵は女性よりも、一人暮らしが下手な男性が握っている。男がもう少し強くならないと、日本は暮らしよい国にならない。ガンバレ男性諸君。人生だって経営と少しも変わるところはないのだ。

老後の一人暮らしを充実させる切り札

寿命が延びた老後を考えると、年金と貯金だけでは充実した生活はかなりむずかしい。そう感じている人も少なからずいると思う。そこで最近、脚光を浴びているのがリバースモーゲージ制度である。

これを利用すれば、老後資金はかなり余裕ができるだろう。とくに配偶者を亡くし、一人身になったら、この制度を利用することをおすすめする。

リバースモーゲージとは、どんな制度か。

自宅や土地を担保に、金融機関から融資を受け、返済は自分の死後に担保物件でクリアする方法だ。

つまり家があっても、子どもに資産としては残らない。その代わり、家一軒分、だいたい七〇％までのお金が自分で使える。年金と貯金に加えて、家一軒分のお金が加わるのだから、可処分所得は大幅に増える。

この制度は、老後の一人暮らしを充実させる切り札になると思う。資産を子どもに残さない。使い切って人生を終える。最近はこういう考え方をする人が多くなっている。ある生命保険会社の行なったアンケート調査によれば、「貯蓄は使い切る」と答えた人が五三％に達したという。これは正解だと思う。老後を快適に生きるためには、手厚い社会福祉の充実か、面倒を見てくれる家族か、いずれかが必要になるが、現状を見ると、いずれも望み薄の現実がある。

生きているはずの百歳老人がとうに死んでいて、その年金を家族がくすねていた――こんな事件が発覚する時代だ。高齢者が子どもに資産を残さずに使ってしまおうと考えるのも無理はない。

リバースモーゲージ制度は、海外先進国ではすでに広く普及しているものだ。欧米社会は、もともと子どもに資産を残そうという意識が薄い。だから、こういう制度はすんなり受け入れられたのだろう。日本も遅ればせながら、そういう時代になりつつあるということだ。

なかには「そんな冷たいことを」と抵抗を感じる人もいるだろうが、子どもに財産を残すのはよいことばかりではない。

富豪は次元が違うから別だが、一般庶民が中途半端なお金を残すことは、かえって子どもに余計な依頼心をもたせ、あるいは親族間に争いの種を蒔《ま》く。貯金と家一軒くらいなら使い切ったほうが賢明だ。

日本のリバースモーゲージ制度は、もともと地方自治体が、家があっても貯金がなく、年金も少ない高齢者を対象に、居住中の持ち家を担保に生活費や福祉サービスに当てる資金を貸し付けたのが始まり。

いわば苦肉の策だったが、いまでは大手の金融機関が、この制度による貸し付けを行っている。毎月、一定額の融資を死ぬまで受けられ、生きている間に返済義務が発生しないのだから、こんな楽なことはない。

ただし、いまのところ、担保は土地つきの家など、まだ条件がいろいろあるのが難点だ。

老人ホームに入る以外の道もある

「自宅を売って老人ホームへ入ろうとしたが、断られました」

聴覚障害がある人の話である。だが障害のある人ばかりではない。いまは健康な人でも、老人ホームへは容易に入居できない。何年も待たされるのが現状だ。

老人施設が足りない。足りないとすぐ「つくれ」という話になるが、ここで一つ発想を大きく変えてみてはどうか。たとえば、「高齢者下宿」というのが考えられる。

いま、子どもが巣立った夫婦のマイホームは、部屋が余っているはずだ。その空き部屋に老人ホームに入れない人を住まわせる。食事賄い付きの下宿人のように扱うのだ。学生ではないから世話に手間がかかるかもしれないが、自分の親の面倒を見ているつもりになれば、できないことではないだろう。

多くの人がそうすれば、老人ホーム不足はかなり緩和されるのではないか。もちろんただでは無理だから、下宿代のかたちで一定金額をもらうようにする。また、そういう老人を引き受けた家庭には、国や地方自治体から子ども手当ならぬ「高齢者手当」を支給する。

子育ても大事だが、高齢者の面倒を見ることも大事なこと。それを公的機関任せにするのではなく、民間の力を利用するのだ。定年後に夫婦二人でウンザリしながら過ごすより、よほどいいのではないか。老人ホームを目指す高齢者の中には、元気でピンピンしている人もけっこういる。ただ、家族との折り合いがわるいとか、家族が働き盛りで面倒を見切れないとか、いろいろな事情があって老人ホームに入居させようとする。だが、なかなか入れないという現実があるわけで、これを手っ取り早く解決するには、空き部屋のある夫婦二人暮らしの家庭が受け入れればいいのではないか。

私がこんなことを考えたのは、横浜に「下宿屋バンク」というシステムがあるのを知ったからだ。自宅に空き部屋のある人やグループハウスを運営している人に会員になってもらい、下宿したい人に紹介しているのが「下宿屋バンク」（NPO法人）である。

その事務所で、夫を亡くし一人暮らし、という同じ境遇の女性三人が鉢合わせした。たぶん、空き部屋を貸したい立場の人たちだったのだろう。三人は見ず知らずの間柄だったが、「一人暮らしは寂しい」と意見が一致した。それを聞いた下宿屋バンクの主宰者が次のような提案をした。

「だったら、誰かの家に三人一緒に住んで、空いた二軒の家を同じような人たちに貸してあげるようにしたらどうですか」

この発想はすごくいいと思う。だが、この発想をもう一歩先へ進めてみる。子どもが巣立って夫婦二人きりになった家にも、空き部屋はあるだろうから、そこへ老人ホームに入れなくて困っている高齢者、あるいは一人身で寂しい思いをしている高齢者を下宿させてみてはどうか。

高齢者問題というと、すぐに「介護」となるが、統計を見ると一人暮らしの高齢者の七四％は自立生活をしており、「日常生活に満足している」と答えている。頼る人がいないと困るのは三〇%弱である。ただ、「満足している」という人でも、孤独感は拭えない人が少なくない。この層の人を下宿させるのであれば、受け入れるほうもそれほど大きな負担にならないだろう。また、こういう試みが普及すれば、残り三〇%の立場の人が優先的に老人施設へ入居できるようになる。高齢になったら自宅を売って老人ホームへ入ろうというのは、もう時代遅れ。自宅はもっと有効な使い道があるということだ。

老後は見知らぬ人との共同生活を

まだ要介護まではいかないが、自分の将来を考えると先行き不安が拭えない――こんな悩みをもつ人たちが資金を出し合って、自分たち好みの集合住宅をつくるのがコーポラティブハウス（共同住宅）だ。

アメリカで始まったこの新しい住スタイルを真似た住まいづくりが、日本でも始まっている。特徴的な民間活力で始まったこと。一流企業を退職した人が中心になって有志を募り、平均六十八歳の高齢者二十九世帯が入居可能なマンションが完成、続いて同じ形式のマンション増設のほか、要介護の人たちが入居できるクリニック付きの「賃貸住宅」も建設中――こんな新聞記事があった。

月六万円の運営費を払えば、病院への送迎や二十四時間の緊急対応などが無料で受けられるほか、食事の支度が面倒な人は食堂でも食べられる。高齢者住宅＋老人ホーム＋ホテルのような機能をもつのが、ここ「シニア村」（茨城県龍ケ崎市）。国土交通省のモデル事業にも選ばれたそうだ。

高齢化が進めば当然、一人暮らしが増えるが、いまの国の政策は、いわゆる「老人ホーム」をつくることが中心になっている。一カ所に老人を集めるやり方に私はあまり賛成ではない。むしろ三世代住宅を増やして、どんなに大変であっても、高齢の親の面倒は子どもが見るのを原則とし、国はその支援をするほうが好ましいと思う。

ただ、子のない人もいるから、やはり高齢者専用の施設も必要である。しかし、いまの老人ホームは、要介護の高齢者が中心で、元気な高齢者は意外と行き場がない。あっても入居するのに高額な資金が必要になる。このシニア村は、比較的安い価格（二四〇〇万円～）で入居できるから、持ち家を売って移ればいい。

ずっと専業主婦をしていた六十五歳になる女性が、「私、夫が先に亡くなったら、お金持ちになっちゃうわ」と言ったことがある。ご主人は超一流企業をリタイアした人間で、現在七十八歳。退職金分割も含めて月四十数万円の収入がある。

彼女がいう通りご主人が先に亡くなれば、三十数万円の遺族年金がもらえるはず。家も数千万円の預金もあるから、老後の経済生活は何の心配もない。だが、彼女は大きな悩みを抱えている。一人娘は嫁いで地方在住のため一人暮らしになる。孤独に耐えられるかが心配なのだ。

私が、「だったら老人ホームへ入れば」と言ったら、「いまさら新しい人間関係を結ぶのがわずらわしい」と言う。贅沢な悩みのようだが、同じような気持ちの人も少なくない。このタイプの高齢者が世の中にはけっこういると思う。シニア村はこういう悩みを抱える人にはぴったりだろう。

子どもや孫に恵まれた人は、できるだけ家族と触れる機会を多くしながら、晩年を過ごすのがいいと思う。そういう人はシニア村へ行く必要はない。だが、都会のマンションで一人暮らしになった高齢者は、近隣とのつきあいが減った分、男も女も孤立した生活を強いられる。

そういう人をターゲットにだまそうとする人間も現れる。孤独死もある。それを考えたら、コーポラティブハウスは、家族に恵まれずに孤立しがちな高齢者の受け皿として、もっとも適しているのではないか。シニア村のようなところなら、一定の距離を保った人づきあいができるからだ。

高齢者問題を考えるとき、要介護とか経済不安、健康不安のことばかりでなく、すべてにある程度恵まれている高齢者の生き方にも目を配る必要があるだろう。団塊世代には、この層の高齢者が大勢いる。この層の人たちをうまく活用すれば、高齢社会の大きな戦力になるはずだ。

かつて三木清も言っている。「孤独は山になく、街にある」

終の棲家は都会か、田舎か

現役時代は仕事の関係で住むところは制限されるが、リタイアしてしまえば、どこに住もうとまったくの自由だ。最近は「田舎暮らし」に憧れる人も少なくない。だが、これは安易に考えないほうがいいと思う。

生粋の東京人の夫婦が、夫のリタイア後、自宅を売って、かねてから憧れていた琵琶湖の湖畔に移り住んだ。「終《つい》の棲家《すみか》」のつもりだった。

夫婦で暮らしているうちはよかったが、三年後に夫が突然亡くなった。残された妻はとたんに田舎暮らしがいやになり、東京に戻ることを考えた。しかし、もう東京には家がない。借家暮らしをするしかない。

「それでもいい」と考えたが、思わぬ障害が現れた。家が借りられないのだ。単身の高齢者には、いまこういう厳しい現実があることも知っておく必要がある。一度、田舎へ行ってしまうと、簡単に戻ってこられなくなる。

第二の人生をどう生きるかは個人の自由だが、人とのつながりを保ちながら生きたいのか、昔の隠遁者《いんとんしゃ》のように人に干渉されないほうを優先したいのか、よくよく考えてからにしたほうがいい。

夫婦で暮らしている場合は、そこまで突き詰めなくてもすむが、その段階で一人身になったときのことも想定しておいたほうがいい。もし一人身になったときに戻ってくる可能性があるなら、自宅は売ってはならない。

先の女性も家を売らなければ、何も悩むことがなかったはず。ともあれ、高齢単身者が家を借りにくい現実をしっかり頭に入れておくべきだ。

都会に住むか、田舎へ行くか。リタイア後は選択の余地が出てくるだけに、これは悩ましい問題だ。

「年をとったら、静かな田舎へ、などと言う人がよくいるけれど、少なくとも私としては、年をとればとるほど、都会の隠遁生活を期待せずにおられない」

すでに亡くなられたが、作家の上坂冬子《かみさかふゆこ》さんはかつてこう言っていた。私も、一人暮らしになっても田舎に引っ越そうとは思わない。もし田舎へ行くなら、セカンドハウス発想にする。高齢者こそ都会の便利さ、快適さが大きな意味をもつと思うからだ。

たとえば、こういうケースがある。地方で司法書士をしていた人が、リタイア年齢の六十歳になって、単身東京へ出てきて事務所を構えた。彼の場合は、ずっと東京暮らしに憧れていたのだ。

子どもはすでに独立しているから、何の心配もない。奥さんがついて来なかったのは、要介護の母親がいたからだ。彼は事務所を構えたが、仕事は二の次で、マンション暮らしをしながら、東京散策など自由気ままな日々を送っている。

「妻はいずれ呼び寄せるつもりです。妻は私が死んだら、たぶん田舎に戻ると思いますが、私は妻が逝っても、東京で一人暮らしをするつもりです。老後は東京のほうが便利だし暮らしやすい」

田舎の自宅はそのままにしてあるので、いつでも戻ろうと思えば戻れる。こういうかたちでなら、地方人の東京生活もわるくないだろう。だが、一切合財売り払って移住してくるのは、ちょっと危険な気がする。

「住み慣れたるところを替える事なかれ」（井原西鶴）

結局はこれが正解なのかもしれない。

人生後半の不安を解消する心構え

一人暮らしの人が共通して抱くのは、「この先、どうなるのか」という漠然とした不安だろう。この不安は、そう簡単には解消されない。

一人暮らしを快適に続けるためには、それなりの知恵や心構えが必要になる。そのことについて考えてみよう。以下は単身生活を送る男女一千余人が「大切だ」と挙げた四項目である。

①友人を増やす
②健康に留意する
③親兄弟、係累を大切にする
④家を買う

順に説明しよう。何といっても友人は一人暮らしにとっては大切なものだ。寂しさを癒やしてくれるのは友人、仲間たちだからだ。

友人によってつきあいの深浅は異なるが、いわゆる親友と呼ぶに値する人間は、ごく少なくていいと思う。もともと親友はそんなに大勢いるものではない。一人か二人いればいい。また、いなくてもいい。一人暮らしの場合は、それよりも気軽に会って話のできる友だちを、広い範囲でもつのがいい。

友人はとかく自分と似たようなタイプを選びがちだが、一人暮らしの場合は、タイプの違った人間がいたほうが、何かと都合がいい。自分が苦手とするタイプとも知り合いになっておくことだ。

次に健康。これはとても大切なことである。一人暮らしはすべてが自己責任だからだ。何でも自分でこなすには、健康体であることが前提条件。食事、運動、心の健康と、三つの側面から体調維持に努める必要がある。

なかでも大きいのは食生活だ。外食中心になりがちなのは仕方がないが、料理もひと通りできる腕前はもっておく必要がある。また外食の場合でも、栄養学の基礎知識くらいは学んで、バランスのよい食事を心がけること。

三番目の親兄弟、親戚を大切にするのも当然のことだろう。遠くに離れていても、時候の挨拶の手紙を送るなど定期的に連絡をとっておくと、心の安定感が得られる。なかには親兄弟と疎遠の人もいるだろう。そういう場合でも、連絡がつかないような状態だけは避けよう。それでなくても、一人暮らしは孤独感に襲われやすい。親兄弟とは実際に連絡をとらないまでも「連絡がつく」と思えるだけでも精神的にプラスになる。

こういうことは深層心理の問題だから、自分の意識が多少抵抗を感じても、音信不通になるような状態だけは避けるべきだ。

四番目の「家を買う」というのは、議論の分かれるところかもしれない。いままで夫婦で住んでいた家を一人になったので、もっと小さい家に買い替えることもあるだろう。ただ一人のまま人生を終えることを考えたとき、所有にこだわる必要もなく、賃貸でもかまわないともいえる。

ただ、一人暮らしの不安を払拭するという意味で、可能なら家を購入したほうが経済的な安定感が違ってくる。

以上、四つのことをクリアすれば、後顧の憂いなく一人暮らしが楽しめるだろう。

団体競技を一人で楽しむ

一人暮らしの知恵として「他人がいないとできない趣味やスポーツはやめたほうがいい」と誰もが言う。たとえば麻雀は、四人いないと成立しない。「三人麻雀」もあるが、やはりつまらない。野球が趣味というのでは、九人そろわないと楽しめないことになる。サッカーも然《しか》り。

一人暮らしに備えた趣味は単独でやれるものに限る。みんながそういうし、私もそう思っていた。だが、これは間違いだった。ひょんなことからそれを知った。

バスケットボールに生きる若者たちを描いた『SLAM DUNK』で有名な漫画家の井上雄彦《いのうえたけひこ》さんが、毎日新聞の企画コラム「新・幸福論」のインタビューで、こう答えていたのだ。

「今も一人で練習しています。試合はしなくてもいい。シュートが趣味です。それも、少し遠くから打つ3ポイントシュートが好き。やっていると、自分の体をどう動かしたらうまくいくのか、どんどん感覚が研ぎ澄まされていきます」

井上さんは高校から始めたバスケットに、いまも強いこだわりをもち続けている。同じように若い頃に、野球やサッカーなど団体スポーツに夢中になった人は大勢いるだろう。だが、社会人になると、ほとんどやめてしまう。まして高齢になったら、気持ちはあっても、より縁遠いものになってしまうだろう。

しかし、井上さんのように一人で楽しめればいいのではないか。野球ならバッティングセンターがある。いまのバッティングセンターは、高校球児やプロも練習に行くほど充実している。もしくは家でバットの素振り。これなら一人でもできる。

サッカーもボールのリフティングの練習なら、ちょっとした空間があればできる。子どもたちはよくやっている。大人になると、恥ずかしいからかやらなくなるが、やりたいことなら、恥ずかしがらずにやればいい。

ゴルフも打ちっ放しの練習場に通えばいい。あるいは、ドライバーの素振りをやる。要するに練習レベルにもっていけば、一人でも楽しめるようになる。スポーツは健康のためにもいいから、このレベルで再開してみるといい。

自分の好きなものに、どんなかたちであれ触れるのはいいことだ。心が落ち着き、ストレスも違ってくる。言葉で説明してしまえば、「ひとりスポーツ」は「な～んだ」の世界かもしれないが、私にはコロンブスの卵のように思えたので、あえて紹介してみた。

ただ、この楽しみ方は、あくまで自分の体を使うのでなければダメだ。テレビゲームなどのバーチャル空間でやることと、ひとりスポーツを一緒にしないほうがいい。

バーチャルが発達して、画面を見ながらサッカーボールを蹴ったり、野球のボールを打ったりできても、実際に自分が公園でサッカーボールを蹴る、バッティングセンターで球を打つのとは別物である。

実際に釣りに行くのと、ケータイで釣りゲームをやるくらいの違いがある。バーチャルとばかりつきあっていると、現実との区別がつかなくなる。リアルな現実体験もなしにバーチャルばかりでは、物事の本質がわからなくなるのではないかと思う。

ここでいう本質とは、五感で知る温度であり、色合いであり、匂いであり、肌触りのようなものだ。体を動かすこと、それを知らないと、何かに一生懸命取り組んだときの手ごたえ、成し遂げたときの充実感、失敗したときのやるせなさ、そういう現実感覚が味わえないのではないか。それでは本当に生きたことにはならない。

自分史を書いて知る新たな「気づき」

一人になると、あれこれ自分のことを考えるようになる。この際、自分が生きた証しとして自分史を書いてみるのもいいのではないだろうか。

一定の年月を生きてくれば、どんな生き方をしてきた人でも、本一冊になるくらいの「中身」は抱えている。それを発表したいと思うのは、人間としてごく自然なことだ。

以前なら、高齢者はこの種の願望を、一緒に暮らす家族や孫などに語ることで満たせたが、核家族化の進んだ現在ではそれがむずかしい。孫がいても、「おじいちゃん、おばあちゃんがどんな人であるか」は、ごく断片しか伝わらない。

自分史の執筆動機は、次の三つに集約できる。

①自分が生きた証しを文字で遺《のこ》したい

②自分の手柄話、自慢話をしてみたい

③後の世のため、人のために役立ちたい

「生きた証しを遺したい」と「手柄話、自慢話をしたい」は、強弱の差こそあれ、たいていの人が抱く願望だが、「後の世のため、人のため」というのは、引っかかりを感じる人もいるだろう。

「自分は平凡に生きてきただけで、世間さまから高い評価を得ているわけでもない。そんな自分に後世の人に役立つ自分史が書けるだろうか」

こんなふうに考える人もいるに違いない。世間一般では、自分史など「功なり名を遂げた人が書くもの」と思っている。だが遠慮は無用だ。何も一定の業績を上げ、社会的な地位を得た人たちだけが「書くに値する」というものではない。

むしろ、いままで本など書いたことのない人こそ、積極的に自分史に取り組むべきではないか。なぜなら市井の名もない人々が、ごくふつうに送った人生の中に、後世の人たちの参考になる「叡知《えいち》」や「真実」が含まれていることが少なくないからだ。

立派な業績を上げた人の考え方や生き方は、耳を傾けるに値するものがある。しかし、彼らは自分で書かなくても、誰かが評伝や伝記を書いてくれる。

一般の人たちは自分で書かなければ、その人生の記録は残らない。語るに足る意義や価値をもった人生の記録が、こうして埋もれてしまう。これはもったいない。

七年ほど前に終了したが、NHKテレビの番組の一つに、「百歳バンザイ!」という興味深いものがあった。スタッフが地方へ出かけていって、その地の百歳老人にインタビューする番組である。

それを見ていて、百歳老人が何気なく話す「長生きのコツ」とか「生き方のコツ」は、テレビによく出る偉い先生たちとは一味も二味も違った「豊かな知恵」にあふれていて感心させられたものだ。

自分史は、どんな生き方をしてきても、書く資格はあるし、それなりに価値のあるものが書けると考えてよい。「たいしたことは、してこなかったから」「人さまに語るべき特別なものなど、もたないから」と謙遜している場合ではない。

昔の人は現役を引退すると、山の中などに庵《いおり》を結んで、「つれづれなるままに、日暮らし硯《すずり》に向かいて……」などと、じぶんの人生観を綴ったものだ。そうやって、生きた証しを遺した。私たちが同じことをするのに何のはばかりもない。

いまはパソコンもあるから、どんどん書いてプリントアウトし、家族や親戚一同に配ってはどうか。本として出版も可能だし、電子書籍という手もある。「自分史を書こう」と思うだけで、社会とつながれるし、自分の内へと目を向けることもできる。

一人が寂しいなどという気持ちは、いっぺんに吹き飛んでしまうだろう。孤独は「一人だが、ひとりではない」。一人で生まれて一人で死んでも、自分史などを書いてみれば、いままでの人生、一人ではなかったことがわかる。そのことに気づきさえすれば、たとえ一人でも心強く生きていける。「孤独力」は、そのために必要なのだ。

本作品は二〇一三年三月にアスコムより刊行された『「孤独」が一流の男をつくる』を加筆・修正のうえ、文庫化したものです。

一〇〇字書評

切り取り線

購買動機（新聞、雑誌名を記入するか、あるいは○をつけてください）

□（　　　　　　　　　　）の広告を見て	
□（　　　　　　　　　　）の書評を見て	
□ 知人のすすめで	□ タイトルに惹かれて
□ カバーがよかったから	□ 内容が面白そうだから
□ 好きな作家だから	□ 好きな分野の本だから

●最近、最も感銘を受けた作品名をお書きください

●あなたのお好きな作家名をお書きください

●その他、ご要望がありましたらお書きください

住所	〒				
氏名		職業		年齢	
新刊情報等のパソコンメール配信を 希望する・しない	Eメール	※携帯には配信できません			

あなたにお願い

この本の感想を、編集部までお寄せいただけたらありがたく存じます。今後の企画の参考にさせていただきます。Eメールでも結構です。

いただいた「一〇〇字書評」は、新聞・雑誌等に紹介させていただくことがあります。その場合はお礼として特製図書カードを差し上げます。

前ページの原稿用紙に書評をお書きの上、切り取り、左記までお送り下さい。宛先の住所は不要です。

なお、ご記入いただいたお名前、ご住所等は、書評紹介の事前了解、謝礼のお届けのためだけに利用し、そのほかの目的のために利用することはありません。

〒一〇一-八七〇一
祥伝社黄金文庫編集長　萩原貞臣
☎〇三（三二六五）二〇八四
ohgon@shodensha.co.jp

祥伝社ホームページの「ブックレビュー」からも、書けるようになりました。
http://www.shodensha.co.jp/bookreview/

祥伝社黄金文庫

「孤《こ》独《どく》」が一流《いちりゅう》の男《おとこ》をつくる

平成30年4月20日　初版第1刷発行

著　者　川《かわ》北《きた》義《よし》則《のり》
発行者　辻 浩明
発行所　祥伝社《しょうでんしゃ》
〒101－8701
東京都千代田区神田神保町3－3
電話　03（3265）2084（編集部）
電話　03（3265）2081（販売部）
電話　03（3265）3622（業務部）
http://www.shodensha.co.jp/

印刷所　堀内印刷

製本所　ナショナル製本

Printed in Japan　©2018, Yoshinori Kawakita　ISBN978-4-396-31735-5 C0195

祥伝社黄金文庫

斎藤茂太
いくつになっても「輝いている人」の共通点
今日からできる、ちょっとした工夫とテクニック。健康・快食快眠・笑顔・ボケ知らずを目指せ！

斎藤茂太
いくつになっても「好かれる人」の理由
自分にも他人にも甘く。それでいい。人間関係が人生の基本。人生を楽しむ、ちょっとしたコツを教えます。

桂 歌丸
歌丸 極上人生
歌丸師匠の半生紀。大喜利の神様が、『笑点』メンバーや先代圓楽師匠、立川談志師匠との交流を明かす！

釈 徹宗
仏教ではこう考えます
人生の悩みにお坊さんがゆるり回答
「神と仏の違いは？」「お葬式はしないとダメ？」——老若男女の珍問・奇問に、釈先生が何でもお答えします！

弘兼憲史
俺たちの老いじたく
これからは好きなように生きる
人生の勝負は常に「今」。今日からは「人生を楽しむ自分」を見つけよう！団塊世代のための〝老い〟の探し方。

向谷匡史
もうひと花の咲かせ方
人生の「今」を大切にする
第二の人生に先立ってやるべきことは「人生の天地返し」。「しがらみ」を断ちこれからの人生を輝かせる具体例。